ADOLPH KOLPING UND SEIN WERK

Heinrich Festing
Generalpräses des Internationalen
Kolpingwerkes

ADOLPH KOLPING UND SEIN WERK

Ein Überblick über Leben und Wirken
des großen Sozialreformers
sowie über die Entwicklung seines Werkes
bis heute

HERDER

Freiburg · Basel · Wien

Ausgabe des Kolpingwerkes

Fünfte Auflage

Imprimatur. Coloniae, die 15 iulii 1981
Jr.-Nr. 100726 I 81
† Hubert Luthe, vic. eplis.
Herstellung: Freiburger Graphische Betriebe 1983
ISBN 3-451-19476-7

Meinen Amtsvorgängern gewidmet

ZU DIESEM BUCH

Die vorliegende Arbeit soll im ersten Teil den Leser dieses Buches mit der Person und dem Wirken Adolph Kolpings vertraut machen, der zu den bedeutendsten Seelsorgern, Sozialpädagogen und Sozialreformern des vergangenen Jahrhunderts gehört. Es geht hier nicht um eine wissenschaftliche Biographie über Kolping; vielmehr soll Adolph Kolping selbst zu Worte kommen, damit sich der Leser persönlich ein Urteil über seine menschliche, geistig-religiöse und soziale Einstellung bilden kann. Die Aussagen Kolpings und Urteile über ihn gehen auf die Urtexte zurück und sind mit Quellenangabe versehen, so daß sie gegebenenfalls weiter erforscht werden können. Alle Zitate sind im Originaltext wiedergegeben. Rechtschreibung und Zeichensetzung wurden lediglich der heutigen Zeit angepaßt.

Im weiteren Verlauf des Buches wird die Entwicklung des Kolpingwerkes vom Gesellenverein bis zum heutigen Internationalen Kolpingwerk in den drei Epochen: Vom Tode Kolpings bis zum Ersten Weltkrieg 1914–18, von 1918 bis zum Zweiten Weltkrieg 1939–45 und von 1945 bis heute, geschildert. Auch hier geht es nicht um eine wissenschaftliche Auseinandersetzung mit dem Kolpingwerk, als vielmehr um die geschichtliche Darstellung eines katholisch-sozialen Verbandes, der wesentlich zur Lösung der sozialen Fragen und Probleme im 19. Jahrhundert beigetragen hat. Dazu wurde wiederum historisches Quellenmaterial benutzt und entsprechend angeführt.

Schließlich wird im letzten Abschnitt des Buches das Kolpingwerk in den 22 Ländern der Erde vorgestellt, in denen es heute vertreten ist. Dabei wird auffallen, daß es sich zur Zeit gerade in der Dritten Welt sehr segensreich ausbreitet. Selbstverständlich mußte bei der Abfassung des Buches von dem gegenwärtigen Stand des Kolpingwerkes ausgegangen werden, das sich ständig weiterentwickelt.

Mein Dank gilt den Mitarbeiterinnen und Mitarbeitern des Deutschen und Internationalen Kolpingwerkes für die bereitwillige Unterstützung zur Abfassung dieses Buches. Dabei habe ich besonders Frau Copelovici zu danken, die mir bei der Beschaffung des Quellenmaterials behilflich war, und Frau Müller, die die technische Erstellung des Manuskriptes besorgte.

Ich widme dieses Buch in dankbarer Verbundenheit meinen verehrten Vorgängern im Amt des Generalpräses des Internationalen Kolpingwerkes, deren Werk ich weiterzuführen habe.

Josef-Schutzfest, 3. Mai 1981 Heinrich Festing

INHALT

III
Der Neubeginn nach dem Ersten Weltkrieg

IV
Der Wiederaufbau des Internationalen Kolpingwerkes nach 1945

V
Das Kolpingwerk in den einzelnen Ländern

I
ADOLPH KOLPING – SEIN LEBEN UND WIRKEN

Elternhaus, Kirche und Schule

Die Geburt Adolph Kolpings am 8. Dezember 1813 in Kerpen, einer Kleinstadt zwischen Köln und Düren, fällt in eine Zeit großer Unruhen und Wandlungen. Diese lassen sich in vier Stichworten zusammenfassen:

Die wirtschaftliche Revolution

Bis in das 19. Jahrhundert hinein lebte der Großteil der europäischen Bevölkerung in der Landwirtschaft. Ein kleiner Teil war im Handel und Gewerbe beschäftigt. Durch die Erfindung der Maschine nahm die Industrialisierung ihren Anfang. Die großbetriebliche Produktion brauchte viele Menschen. Die Folge davon waren Landflucht und Ballungsgebiete der Arbeiterschaft. Allein dadurch entstanden Probleme, die es in der vorindustriellen Gesellschaft nicht gab.

Die soziale Revolution

In der noch vorwiegend bäuerlichen und handwerklichen Gesellschaft des 18. Jahrhunderts waren die Menschen stark gemeinschaftsgebunden. In der Landwirtschaft geschah dies weithin über die Mitarbeit auf dem Hof und durch die Markgenossenschaften; im Handwerk über das Zunftwesen. Mit Beginn der industriellen Revolution wurden die Menschen aus dieser Gemeinschaftsbindung herausgerissen. Die landwirtschaftlichen Ordnungen wurden aufgelöst und die Bindungen an die Zunft abgeschafft. Das bedeutete auf der einen Seite Befreiung, auf der anderen Seite wurde der einzelne in das brodelnde und haltlose Gelände der industriellen Landschaft hineingeworfen. Dadurch wurden die freigewordenen Arbeitskräfte aus der Landwirtschaft und aus dem Handwerk in eine verhängnisvolle Abhängigkeit zu dem neu entstehenden Kapital gedrängt.

Die politische Revolution

Durch die Französische Revolution motiviert, drängte sich das Bürgertum zusehends in den Raum des Staates; besonders nach der Völkerschlacht bei Leipzig im Jahre 1813, die Europa die Befreiung von der Napoleonischen Vorherrschaft brachte. Versuche, die absolutistische Staatsform wiederherzustellen, scheiterten. Schritt für Schritt siegte die Freiheitsidee. Allerdings wurde diese Freiheitsidee im liberalistischen Sinne verstanden: Der Staat sollte nur den Schutz der Bürger übernehmen, nicht aber in das Zusammenleben der Menschen eingreifen. Das konnte nur denen gelegen kommen, die schon Vorrechte besaßen, die Recht- und Besitzlosen konnten sich damit nicht abfinden.

Die geistige Revolution

Die industrielle Entwicklung verlangte Freiheit von den wirtschaftlichen Schranken, von den sozialen Bindungen und von der politischen Herrschaft. Dieser Freiheitsruf erhob sich bald auch gegen die geistigen Autoritäten, gegen die Religion und gegen die Kirche. In einem voreiligen Optimismus glaubte man, alle Fragen des Menschen und der Gesellschaft aus eigener Kraft lösen zu können, sobald man nicht durch außer- und überweltliche Interessen daran gehindert würde. So kam es zur Kampfansage gegenüber geistigen und religiösen Kräften.

Dieser wirtschaftliche, soziale, politische und geistige Umbruch bestimmte die erste Hälfte des 19. Jahrhunderts und führte zu den Problemen, die in der „sozialen Frage" zusammengefaßt sind. Ihre Lösung stand in der zweiten Hälfte des 19. Jahrhunderts als Hauptaufgabe an.

Auf diesem Hintergrund muß man das Leben und Wirken Adolph Kolpings sehen, der als Seelsorger, Sozialpädagoge und Sozialreformer auf seine Weise zur Lösung der sozialen Frage beigetragen hat.

Die Eltern Kolpings

Die Eltern Kolpings waren einfache und schlichte, aber tiefreligiöse Leute. Kolping schreibt über sie: „Meine Eltern waren stille, ehrbare Leute, deren ganzes Vermögen in einer zahlreichen Familie bestand, deren Unterhalt ihnen vollauf zu tun gab. Die Schafherde meines Vaters, ein Häuschen mit Garten und einigen Stückchen Land, bildet noch bis heute das treu bewahrte Erbe unserer Ahnen. Worauf aber doch meine Eltern mit emsiger Sorge acht hatten, war die Erziehung ihrer Kinder ..."[1]

Der Vater Kolpings war ein stiller, aber rechtschaffener Mann. Er war Gemeindeschäfer und hütete vorwiegend die Schafe des großen Gutsbesitzers auf dem Mellerhof, von dem später noch die Rede sein wird. Neben der beruflichen Arbeit waren ihm seine Kinder und deren Erziehung und Bildung alles. Adolph Kolping berichtet von seinem Vater einmal, daß er seinen Schulfreund, den Sohn eines Domänenrates, kurzentschlossen vor die Tür gesetzt habe, als dieser im Hause Kolpings sehr abfällig über den Pfarrer redete.

Der Vater durfte Adolph Kolping bis zum Priestertum begleiten. Er starb am 12. April 1845, in der Nacht vor der Priesterweihe seines Sohnes in der Minoritenkirche. Beim Einzug der Diakone in die Kirche teilte seine Schwester ihm den Tod des Vaters mit, was Kolping tief getroffen hat. Dennoch bewahrte er die Beherrschung, wie Augenzeugen berichteten. Die starke Persönlichkeit des Vaters lebte in Adolph Kolping weiter.

Mit großer Ehrfurcht und Achtung spricht Kolping immer wieder von seiner Mutter. Sie war eine stille bescheiden, in sich gekehrte Frau. Sie war das Herz der Familie. Von ihr dürfte Adolph Kolping seine „Herzlichkeit“ geerbt haben. Auf die Mutter geht aber wohl auch der leise melancholische, ja bisweilen schwermütige Zug Kolpings zurück, der ihn zeitlebens begleitete. In seinen Gedichten und Schilderungen bleibt das Herz seiner Mutter lebendig. Vom Vater her ist Adolph Kolping der „Organisator“, von der Mutter her der „Gesellenvater“.

Die Mutter starb am 4. Juli 1833, als Kolping 20 Jahre alt war. Den Weg ihres Sohnes zum Priestertum konnte sie nicht mehr miterleben. In einem ergreifenden Gedicht über den Heimgang der Mutter drückt Kolping seine tiefe Liebe zu ihr aus.

Geburtshaus Adolph Kolpings in Kerpen

Rückseite: Portal des Kolping-Museums in Kerpen mit der Darstellung des Lebensweges Adolph Kolpings

AK
1865
AK
1813
KERPEN
KÖLN
1849
1832
1841
ST.
LAURENTIUS
ELBERFELD
1846
MÜNCHEN
BONN
1845

Das Familienleben

Das Erlebnis des Elternhauses war der Grund dafür, daß Kolping später der große „Familienapostel“ wurde. In seinen Reden und Schriften klingt das immer wieder an: „In einem Stübchen, wo zehn Menschen anfingen, die Fliegen an den Wänden zu hindern, saßen sieben, acht oder neun ziemlich eng und traulich beieinander: der alte Großvater im Lehnstuhl hinter dem Ofen, Mutter und Schwester beim Spinnrad, Onkel Michael aus der Nachbarschaft beim Vater in der Ecke sein Pfeifchen rauchend, ich mit dem ‚Eulenspiegel‘ oder den ‚Vier Haimonskindern‘ – zwei beliebte Bücher der damaligen Zeit – zunächst an der Lampe; alle höchst vergnügt, daß ich jetzt noch oft davon träume. Es war eine selige, glückliche Zeit, damals in der Jugend im Schoße einer Familie, in der man, ohne auch nur den Namen zu nennen, die lauterste Liebe in vollen Zügen trank.“[2]

Hier in dieser Familie, in der Gebet und religiöse Übungen sehr gepflegt wurden – wie Kolping immer wieder betont hat – und wo ein starkes Gottvertrauen herrschte, erfuhr Kolping, daß das Familienglück nicht in erster Linie in äußerem Besitz, sondern in einem lebensgestaltenden Christentum begründet ist.

Pfarrei und Volksschule

Aber nicht nur das Elternhaus, sondern auch das kirchliche Leben in Kerpen und besonders die Schule übten einen starken Einfluß auf Kolpings späteres Leben aus. Da war zunächst Pfarrer Heyd, der die Eltern Kolpings getraut hatte und Kolping auch taufte und auf die erste heilige Kommunion vorbereitete. Am Erstkommuniontag Adolph Kolpings ließ Pfarrer Heyd ihn an sein Krankenlager rufen und sagte zu ihm: „Ich segne dich, mein Kind. Gott scheint dich zu großen Dingen berufen zu haben.“[3] Pfarrer Heyd starb am 8. Mai 1826.

Kolping hat diesen Tag zeitlebens nicht vergessen. Während seines Studiums in München schreibt er in sein Tagebuch: „An die Heimat denkt man immer gern, dann aber vorzüglich gern, wenn Tage und Feste wiederkehren, die einen vorzüglich an dasjenige mahnen, was die Heimat teuer macht. An diesem oder jenem Tage bin ich zur ersten heiligen Kommunion gegangen, und der ganze Himmel dieser Jugendfreude öffnet sich wieder, wenn der merkwürdige Tag wiederkehrt. Es liegen zwar schon viele Jahre zwischen heute und jener Hochzeitsfeier, der reinsten und erhabensten Freude der Jugend, heute aber, als ich während dem Gottesdienste daran gedachte, wurde meine Seele wieder bis in den innersten Grund bewegt.“[4]

Im Jahre 1819 beginnt für Adolph Kolping die Schulzeit. Er nennt sie die glücklichste Zeit seines Lebens. Das lag sicher an seinem Lehrer Jakob Wilhelm Statz. Adolph Kolping sagt von ihm: „Die glücklichsten Stunden meines Lebens habe ich unter seinen Augen zugebracht, wenn er mit der Liebe eines Vaters seinen aufhorchenden Schülern die Lebensgeschichten großer Männer erzählte oder ihnen Kenntnisse mitteilte, die, wenn sie auch außer dem Kreise einer gewöhnlichen Landschule lagen, doch dem wißbegierigen Knaben so willkommen waren. Aber gerade dadurch wurde jener Trieb nach einer höheren Ausbildung in meine Seele gepflanzt, den ich später nicht mehr unterdrücken konnte.“[5]

In diesem Klima wächst in Adolph Kolping der Hunger nach Bildung und Wissen, aber auch die Fähigkeit,

Bildung und Wissen weiterzugeben. Die einklassige Volksschule von Kerpen formte und prägte den größten religiösen Volksbildner und Sozialreformer des vergangenen Jahrhunderts.

Berufliche Ausbildung und Berufstätigkeit

Die Schuhmacherlehre

In seinem Lebenslauf für das Abitur schreibt Adolph Kolping: „Wohl hätte ich gern mein Studium (nach der Volksschulzeit) fortgesetzt, aber dazu konnten sich meine Eltern nicht entschließen; denn woher sollten sie die Mittel nehmen, einen solchen Plan auszuführen? Zudem war niemand, der ein solches Unternehmen in seinen Schutz genommen hätte, und ohne fremde Hilfe war es schlechterdings nicht möglich. Das Rätlichste war, ein Handwerk zu erlernen ... Selbst bei der Wahl eines solchen mußte ich nun auf die Verhältnisse meiner Eltern Bedacht nehmen, da ich nicht verlangen konnte, daß sie für mich größeren Aufwand machen sollten als für meine übrigen Geschwister. Ich entschloß mich also, wenn auch mit schwerem Herzen, das Schuhmacherhandwerk zu erlernen. Bald war in meiner Heimat ein Meister gefunden, und ich trat, noch nicht volle 13 Jahre alt, meine Lehre an."[6]

So trat Adolph Kolping nach Ostern 1826 bei Schuhmachermeister Meuser in Kerpen die Lehre an und legte nach drei Jahren seine Gesellenprüfung mit guten Zeugnissen ab.

Die Gesellenzeit

Nachdem Kolping mehrere Jahre als Geselle in den verschiedensten Werkstätten in der Umgebung von Kerpen gearbeitet hatte, ging er nach Köln, wo er in den führendsten Handwerksbetrieben arbeiten konnte. Hier in Köln lernte Kolping am eigenen Leibe das soziale Elend der Handwerksgesellen kennen: „Kölns erste Werkstatt hatte ich erreicht, saß in einem Kreise, nach dem sich so viele vergeblich bewarben, aber noch erbebt mein Inneres, wenn ich an die schrecklichen Tage gedenke, die ich dort mitten unter der Liederlichkeit und Versunkenheit von Deutschlands Handwerksgesellen zugebracht habe.“[7]

Die Situation, die Kolping hier beschreibt, ist die Folge der Auflösung der Zünfte. Wohnten die Lehrlinge und Gesellen bisher im Hause des Meisters und gehörten sie so zur Familie, wurden nun Wirtshaus, Straße und Herberge zum Treffpunkt der Gesellen, wie Kolping auch später in seiner Schrift „Der Gesellenverein“ das Elend der Handwerksburschen darstellt. Dieses Leben konnte ihn nicht befriedigen. Je stärker ihm seine unglückliche Lage zum Bewußtsein kam, desto heftiger regte sich in ihm der Wunsch nach höherer, geistiger Bildung mit dem Ziel, einmal Priester zu werden. Aber das schien ihm wegen seines Alters und seiner Armut unmöglich zu sein. Fast verzweifelt schrieb er über diese inneren Kämpfe: „Ich fand ... keinen Ausweg vor mir, aus diesem Labyrinth zu entkommen.“[8]

Vor harte Prüfungen gestellt

In dieser Situation sucht Kolping Hilfe durch das Gebet. Bevor er sich jedoch durchringen kann, das Priestertum anzustreben, wird er noch vor harte Prüfungen gestellt. Hören wir, was er selbst dazu sagt: „Ich arbeitete auf einer Werkstatt in Köln ... Die Familie des Meisters war klein, außer der Hausfrau nur noch eine Tochter ... Der Meister war wie ein Vater zu mir, er pflegte zu sagen, er habe *zwei* Kinder, und wenn er wüßte, daß ich immer in seinem Hause bliebe, dann wolle er ruhig sterben. Ich hätte von Stroh sein müssen, wenn ich nicht hätte merken können, wohin solche Reden zielten. Als eines Tages abermals die Rede sich um diesen Punkt drehte und man sich zu wundern schien, daß ich nicht mit beiden Händen das zugeworfene Glück aufgriff, eilte ich auf mein Zimmer; denn meine Kraft allein reichte nicht aus, um diesen guten Leuten zu sagen: ‚Ich gehe.' Auf meinem Zimmer weinte ich mich aus und, mit dem Kruzifix in der Hand, erneuerte ich meinen Vorsatz, *Priester zu werden,* und bat Gott um Hilfe."[9]

Die Vorsehung Gottes

Auf seltsame Weise wurde Kolping aus seiner unglücklichen Lage herausgeführt. Angestrengte Arbeiten, Nachtwachen bei kranken Gesellen, die er oft bis zum Tode pflegte, und sein ruheloser Gemütszustand hatten ihn so krank werden lassen, daß sein Arzt ihm das Arbeiten verbot und ihm Ruhe auf dem Lande verordnete. Kolping sah darin einen Fingerzeig Gottes. Er ging nach Haus und nahm sich vor, mit seinem Vater über seine Situation zu sprechen. Bisher hatte er dazu nicht den Mut aufgebracht. Um so mehr war er verwundert, daß sein Vater sofort Verständnis für sein Vorhaben zeigte: „... mein alter Vater meinte, wenn ich mit meinem Stande nicht zufrieden wäre, so sollte ich nur nach meinem Gutdünken mich nach einem andern umsehen, seine Zustimmung hätte ich, da er überzeugt wäre, daß mich Gott zum Besten leiten würde. Das war genug, um gleich einen Plan zur Reife zu bringen, mit dem ich mich lange herumgetragen hatte."[10]

Anders als die Antwort seines Vaters fiel die Antwort seines Heimatpfarrers Joeken aus, als Kolping ihm sein Anliegen vortrug, Priester zu werden. Denn hier erhielt er die Antwort: „Schuster bleib bei deinem Leisten."

Durch diese Ablehnung ließ sich Kolping aber nicht entmutigen. Er wandte sich brieflich an den Pfarrer Leonard Lauffs in der Nachbargemeinde Blatzheim. Kolping hatte ihn durch eine Schrift kennengelernt und hatte dadurch Vertrauen zu ihm gewonnen. Darin wurde er nicht enttäuscht. Denn Pfarrer Lauffs nahm sich seiner an und riet ihm, nach Köln zurückzukehren und weiterzuarbeiten und sich in seiner freien Zeit durch privates Studium auf die Aufnahme fürs Gymnasium vorzubereiten.

Zwei Monate verbrachte Kolping noch auf diese Weise in Köln. Ostern 1837 kehrte er nach Kerpen zurück und bat seinen Heimatpfarrer Joeken, der ihn zunächst abgewiesen hatte, um die Abnahme des Lateinexamens. Der erstaunte Pfarrer änderte seinen Standpunkt und versprach Kolping: „Du sollst Geistlicher werden, wenn du fest bleibst und Beruf zeigst."

Nach Ostern blieb Kolping in Kerpen und nahm jeden Nachmittag Privatunterricht bei Pfarrer Lauffs in Blatzheim. Als dieser bald nach Nideggen versetzt wurde, nahm sich der Kaplan von Kerpen, Theodor

Wollersheim, seiner an und brachte ihn in einem halben Jahr so weit, daß er im Herbst 1837 in die Tertia des Marzellengymnasiums zu Köln aufgenommen wurde. Das erste große Ziel auf dem Weg zum Priestertum war erreicht.

Gymnasialstudium

Als 24jähriger begann Adolph Kolping im Oktober 1837 das Gymnasialstudium am Marzellengymnasium in Köln. Mit den 12- bis 13jährigen Knaben saß er auf der Schulbank. Das brachte ihm anfangs Spott und Gelächter ein. Für ihn war das eine Probe der Demut. „Warum – so fragt er – sollte ich nicht von der untersten Stufe aufsteigen zu dem Ziele, das glänzend, fest und bestimmt mir vorschwebte?“ Seinen Ernst erkannten darum bald Lehrer und Mitschülcr.

Sorge bereitete ihm die Finanzierung des Studiums und des Lebensunterhaltes. Von seinen Eltern und Geschwistern konnte er nichts erwarten. So blieb ihm nichts anderes übrig, als sich den Unterhalt durch Nachhilfeunterricht zu verschaffen. Tagsüber half er jüngeren Mitschülern, und nachts erledigte er seine eigenen Aufgaben.

Krankheit und Todesahnungen

Dieses harte Leben mußte sich auf die Dauer rächen. In den Jahren 1838/39 befiel ihn ein heftiger Bluthusten, der manchmal so stark war, daß ihn Todesahnungen quälten. „... ich habe empfunden – schrieb er in sein Tagebuch –, was es heißt, die Vorahnung des Todes im Busen zu tragen. Ströme Bluts aus meiner wunden Brust konnten mir nicht viel anderes prophezeien, es war, als ströme mit ihm mein sorgenvolles Leben dahin, als poche der Tod so von weitem, wie man dem Freunde eine traurige Nachricht mitteilt, an meinem Herzen, das mit stiller, ruhiger Ergebung in den Willen des Herrn die Gefahr und das leicht mögliche Ende begriff."[11]

Kolpings Lebensideale: Wahrheit und Liebe

Wenige Wochen nach Eintritt ins Gymnasium hat Kolping begonnen, sein Tagebuch zu führen. Dabei ging es ihm nicht so sehr darum, sich über den Tagesablauf Rechenschaft zu geben, als vielmehr darum, sich in längeren Aufsätzen klarzuwerden über die Grundfragen des Lebens und seiner Zukunft. In seiner ersten Eintragung am 4. November 1837 lesen wir: „… erst will ich mich bestreben, Mensch zu sein, die hohe Bestimmung desselben begreifen lernen, zu der er geboren ward; die Pflichten des Menschen erkennen und erfüllen lernen, die ihn gerecht machen, unter seinen Brüdern zu leben und für sie wirken; dann nachdem ich erkannt habe die Wege, die zur Vollendung führen, dann will ich mit festem Fuße sie betreten, will die erkannte Wahrheit festhalten und sie verteidigen, mit freier, offener Stirn bekennen, was in meiner Seele vorgeht, der Wahrheit ein Zeuge, den Mitmenschen ein Bruder sein. Zufriedenheit will ich in dem Gedanken suchen, alles getan zu haben, was meine Kräfte und mein Wirkungskreis verlangte, außer diesem gibt es auch keine wahre Zufriedenheit, keine Ruhe für mich."[12]

Kann man tiefer und schöner die Sinnfrage des Lebens beantworten? Wie ernst ihm das war, hat er durch seine Lebensauffassung und durch sein Handeln im Geiste der Gottes- und Nächstenliebe sein ganzes Leben hindurch bewiesen.

Wunderbare Hilfe

Eine andere Begebenheit, die Kolpings hilfsbereites Herz offenbarte, ereignet sich gegen Ende seiner Gymnasialzeit. In einer kalten Winternacht wird Kolping zu einem Sterbenden gerufen. Am Bette des Sterbenden kniet eine Dame. Kolping erkennt sofort die Tochter des Gutsbesitzers vom Mellerhof in Kerpen. Sie bittet ihn, dem Sterbenden zu einem guten Tod zu verhelfen und für sein Begräbnis zu sorgen. Der Sterbende war ein ehemaliger Theologiestudent, der durch Trunkenheit tief gesunken war und sein Theologiestudium aufgeben mußte. Kolping sorgte für ihn, wie er Fräulein Meller versprochen hatte.

Als Kolping dann wenige Wochen vor seinem Abitur in Kerpen weilte, suchte ihn die Tochter des Gutsbesitzers auf und bat ihn, sie auf ihrem Weg nach Hause zu begleiten. Unterwegs schilderte sie ihm, daß der Theologiestudent, nachdem er das Studium habe aufgeben müssen, Hauslehrer auf dem Mellerhof war und sie eine tiefe Zuneigung zu ihm gefaßt habe. Obgleich sie an seinem Schicksal keine Schuld trage, halte sie es für ihre Pflicht, seine Schuld sühnen zu helfen. Dafür habe sie am Wegkreuz das Gelübde gemacht, einem armen Theologen das Studium zu bezahlen. Dazu habe sie nun ihn ausersehen.

Kolping erbat sich eine dreiwöchige Bedenkzeit, bevor er einwilligte. Nach langem Überlegen mit sich und

Gott kam er zu der Überzeugung, daß hier eine göttliche Fügung vorliege, die ihm nach den harten Gymnasialjahren alle Sorgen für das bevorstehende Theologiestudium nehmen würde. Darum willigte er nach drei Wochen ein.

Es ist für den Charakter Kolpings bezeichnend, daß er das Angebot von Fräulein Meller nur unter dem Gesichtspunkt der Erfüllung des Gelübdes annahm und die Bedingung stellte, in seiner zukünftigen Lebensgestaltung nicht im geringsten beeinträchtigt zu werden. Diese Bedingung nahm Fräulein Meller als selbstverständlich an.

Ostern 1841: Zeugnis der Reife

Als Kolping nach dreieinhalb Jahren Gymnasialstudium Ostern 1841 das Zeugnis der Reife erhielt, verließ er nicht nur als ein gebildeter Student das Gymnasium, sondern auch als ein geistig und religiös gereifter Mann. Es wäre nun das Nächstliegendste gewesen, an der Universität Bonn zu studieren. Aber danach hatte er kein Verlangen, weil hier damals der rationalistische Geist des Hermesianismus vorherrschte. Auch ein freies Studium in Rom, das ihm durch Kardinal Sterckx angeboten wurde, schlug er aus. Die Finanzierung seines Studiums durch Fräulein Meller erlaubte es ihm, nach München zu gehen, wo er sich im Kreis der bayerischen Erneuerungsbewegung, mit dessen von dem großen und heiligmäßigen Bischof Sailer mitgeprägten Romantik, das Rüstzeug für sein späteres Wirken als Priester holen wollte.

Universitätsstudium in München und Bonn

Kolping war fest davon überzeugt, daß Gottes Hand ihn zum Studium nach München geführt hat. Denn als er am 3. Mai 1841 in München ankam, schrieb er abends in sein Tagebuch: „Da bin ich nun in der Hauptstadt Bayerns, kenne keinen Menschen und soll doch hier erst meine tätigen Studien beginnen. Ein sonderbares Unternehmen, wenn man sich die Sache so obenhin ansieht, geht man aber weiter, so wird man finden, daß Gott es war, der mich hierhin leitete, daß Er mir die Mittel bot, dies Unternehmen ausführen zu können; und da ich schon so vielfache Beweise seiner gütigen Fürsorge empfangen habe, so darf ich gewiß mich seiner künftigen Leitung getrost überlassen."[13]

Für Kolpings spätere Tätigkeit war die Wahl des ersten Studienortes von entscheidender Bedeutung. München war der Boden, auf dem Kolping sich wohlfühlte. „... vielmehr suchte ich eine gute, katholische Universität, auf der ich mich zu meinem künftigen Berufe tauglich heranbilden könne. Was ich in dieser Hinsicht suchte, habe ich gefunden und bin, was Echtheit der Lehre und Gesinnung betrifft, vollkommen zufrieden" – schreibt er am 7. Juni 1841 an seinen Freund Ferdinand Müller[14].

Was Kolping insbesondere nach München zog, war der Kreis der katholischen Erneuerungsbewegung, der sogenannte „Görreskreis", der auf Bischof Johann Michael Sailer zurückging und von Prof. Görres aufgebaut wurde. Von diesem Kreis ging damals eine echte innere Erneuerung des deutschen Katholizismus aus.

Görres gehörte zu den Lehrern Kolpings. Kolping schätzte ihn sehr. An seinen Freund Kaplan Wollersheim schreibt er am 19. Juni 1841: „Er ist der einzige

Görres, das non plus ultra der neueren Meisterschaft."[15] Der Einfluß von Görres auf die spätere volksseelsorgliche Methode Kolpings war groß. Bei ihm lernte Kolping die gegenseitige Verknüpfung und Abhängigkeit von Religion und Volkstum, Kirche und Staat, Arbeitsleben und Frömmigkeit.

Der bedeutendste Lehrer Kolpings in seiner Münchener Zeit war aber der Kirchenhistoriker Ignaz von Döllinger. Zwischen ihm und Kolping entstand ein akademisches Lehrer-Schüler-Verhältnis. Aus Begeisterung für seinen Lehrer ließ Kolping während seiner Münchener Zeit ein Porträt Döllingers anfertigen, das er an seine Freunde verteilte. Wie gern Kolping mit diesem Mann zusammengearbeitet hat, geht aus einer Tagebuchaufzeichnung vom 24. August 1841 hervor: „Als ich nämlich nach Beendigung des Kollegs von Prof. Döllinger zu ihm ging, um mir ein Zeugnis darüber zustellen zu lassen, bot er mir gegen Erkenntlichkeit ein lateinisches Manuskript an zum Abschreiben. Dem Manne etwas abzuschlagen ist nichtmöglich. Also nahm ich's und gab mich rasch ans Werk. Eine ganze Woche unausgesetzte Arbeit und es war vollendet. Daß ich das gern umsonst getan, wird sich leicht begreifen lassen, wenn man auf die vielen Vorteile Rücksicht nimmt, die man von Pr[ofessor] Döllinger hat."[16]

Einen besonders guten Einfluß übte Prof. Windischmann auf Kolping aus. Viele pastoraltheologische Grundsätze des ganz an Sailer orientierten Windischmann finden wir in späteren Werken Kolpings wieder. Über den Einfluß Windischmanns auf ihn schreibt Kolping selber: „Ich verdanke Windischmann in methodisch-seelsorglicher Beziehung mehr als allen anderen theoretischen Studien ... habe mir zum Beichtvater Herrn Prof. Windischmann gewählt. Wahrlich, die Wahl ist gut ausgefallen! Nie bin ich so bis in den Grund des Herzens gerührt worden, nie ist der Entschluß fester in meiner Seele geworden, alle meine Kräfte Gott zu weihen, wie jetzt."[17]

Von München aus unternahm Kolping auch eine Fußwanderung durch Tirol und Südtirol nach Venedig. Die Reisenotizen gehören zu dem Schönsten, was Kolping geschrieben hat. Hier spürt man schon den späteren Volksschriftsteller mit seinem feinen Gespür für die Natur und für das praktische Leben der Menschen. Bei der Gelegenheit besucht er auch das Grab des heiligen Antonius von Padua, ohne zu ahnen, daß ihm mal die Verwaltung der Minoritenkirche in Köln anvertraut werden sollte, in der der heilige Antonius besonders verehrt wird.

Studium in Bonn

Schweren Herzens verließ Kolping München, nachdem er dort am 26. Juli 1842 die theologischen Schlußexamen abgelegt hatte, um vorschriftsmäßig die drei letzten Semester Theologie in Bonn zu absolvieren. München war ihm zur geistigen Heimat geworden. Nirgendwo empfing er so viele prägende und geistige Einflüsse für sein späteres Wirken wie hier. Obgleich er in München auch mit Wilhelm Emmanuel von Ketteler zusammentraf, hat er zu dieser Zeit doch noch nicht daran gedacht, später einmal als „Gesellenvater" tätig zu werden. Sein Ziel war vielmehr die Lehrtätigkeit an einer theologischen Hochschule.

In Bonn fühlte Kolping sich nicht so „zu Hause" wie in München. Das geht aus den Briefen hervor, die er an seinen verehrten Lehrer Döllinger schrieb. Die Situation in Bonn zu dieser Zeit war gekennzeichnet durch die Auseinandersetzungen um die Theologie von Prof. Georg Hermes, der den Glauben von der Vernunft und Wissenschaft her begründen wollte. Obgleich diese Lehre bereits 1835 durch Papst Gregor XVI. verurteilt worden war, hatte sie in Bonn noch eine starke Position.

Führender Antihermesianer in Bonn war der von Kardinal Geissel berufene Professor Dieringer, in dem Kolping einen dauerhaften Freund und Förderer fand. Kolping engagierte sich in den theologischen Auseinandersetzungen so sehr, daß er bald der führende Kopf der antihermesianischen Studenten Bonns wurde. In einem Brief vom 21. März 1843 an Döllinger schreibt er: „Sowohl in dem hermes[ianischen] System, mehr noch in seiner Ausprägung im Leben liegt ein echt häretisches Element, das wie korrosives Gift um sich frißt und die Atmosphäre mit mephistischen Dünsten erfüllt. Damit können wir nun mal nicht, in Ewigkeit nicht, Freundschaft schließen, solange noch das katholische Bewußtsein nicht ganz in uns ausgetilgt ist."[18]

Die Seminarzeit

Am 20. März 1844 legte Kolping das theologische Schlußexamen in Bonn ab. Gleich nach Ostern trat er als Alumnus in das Priesterseminar zu Köln ein. Aus dieser Zeit sind von ihm selbst weder Briefe noch Tagebuchaufzeichnungen vorhanden. Es liegen lediglich die Zeugnisse und Gutachten der Seminarleitung vor, in denen Kolping sehr gut beurteilt wird. Darin wird aber auch seine angegriffene Gesundheit erwähnt.

Priesterweihe

Über die Priesterweihe Kolpings in der Minoritenkirche am 13. April 1845 gibt es neben den meist kurzen Berichten in der biographischen Literatur eine ausführliche Schilderung einer im Jahr 1918 in Köln gestorbenen Frau Johanna Schöneseiffen, die die Weihehandlung in der Minoritenkirche wie auch das anschließende Beisammensein im Priesterseminar selbst miterlebt hat. Besonders erwähnt wird in diesem Bericht – wie in allen anderen –, daß Kolping unmittelbar vor Betreten der Minoritenkirche durch seinen Bruder Wilhelm und seine Schwester Katharina die Nachricht vom Tode des Vaters erhält, der in der Nacht zum 13. April in Kerpen gestorben war.

Trotz der großen Trauer hielt Kolping an seinem Plan fest, die erste heilige Messe als ein feierliches Dankopfer gegenüber der göttlichen Vorsehung mit seiner Heimatgemeinde Kerpen zu feiern. Er wollte seiner Familie und der Pfarrei nicht die Freude und den Segen eines feierlichen Primizamtes nehmen.

Am Sonntag nach der Primiz hielt Kolping seine erste Predigt vor seiner Heimatgemeinde Kerpen. Er stellte sie unter das Thema: „Du aber, folge mir nach!" Dieses Thema ist bezeichnend für Kolping. Denn darin hat er seine Lebensaufgabe gesehen.

Kaplan in Wuppertal-Elberfeld

Zu Ostern 1845 wurde der Neupriester Adolph Kolping zum zweiten Kaplan an der St.-Laurentius-Kirche in Wuppertal-Elberfeld ernannt, und am 28. Juni des gleichen Jahres übernahm er auch die Stelle eines Religionslehrers am dortigen Gymnasium. Keine andere Stadt im Erzbistum Köln hätte Kolping so vielfältige seelsorgliche und soziale Aufgaben bieten können wie diese Stadt als sozialer Brennpunkt und Schmelztigel religiöser Anschauungen. Das machte die Seelsorge hier nicht leicht.

Über seine Eindrücke und Tätigkeit in Elberfeld geben seine Briefe an seinen Lehrer Döllinger und an seine Freunde eine zuverlässige Auskunft. Sie geben vor allem seine überzeugte religiöse Haltung und sein seelsorgliches Engagement wieder. „Die untere Schicht des Volkes ist schrecklich unwissend, schrecklich verkommen, vernachlässigt an Leib und Seele, elend durch und durch, und wie groß ist sie nicht! Die große Masse der Fabrikarbeiter schmachtet im Elend, wie ich es nur im Wuppertal kennengelernt“[19], schreibt Kolping. Für um so wichtiger hielt Kolping die Verkündigung. Er übte sein Priesteramt mit außerordentlichem Pflichtgefühl und Ernst aus, was seine 87 zum Teil wörtlich ausgefeilten Predigten überzeugend aufweisen.

In den ersten Jahren seiner Elberfelder Zeit beschäftigte sich Kolping noch mit dem Gedanken, sich in der Theologie weiter auszubilden, um später eventuell einen Lehrauftrag zu übernehmen. Er wollte Prof. Döllinger noch das Manuskript einer wissenschaftlichen Arbeit aus dem Gebiet der Sakramentenlehre zur kritischen Durchsicht vorlegen. Aber dazu kam es nicht mehr. Schon im November 1848 teilte er seinem Lehrer mit, eine wissenschaftliche Tätigkeit käme für ihn nicht mehr in Frage, weil er eine neue, ihn faszinierende Aufgabe in der Seelsorge gefunden habe[20].

Wuppertal-Elberfeld zur Zeit Adolph Kolpings

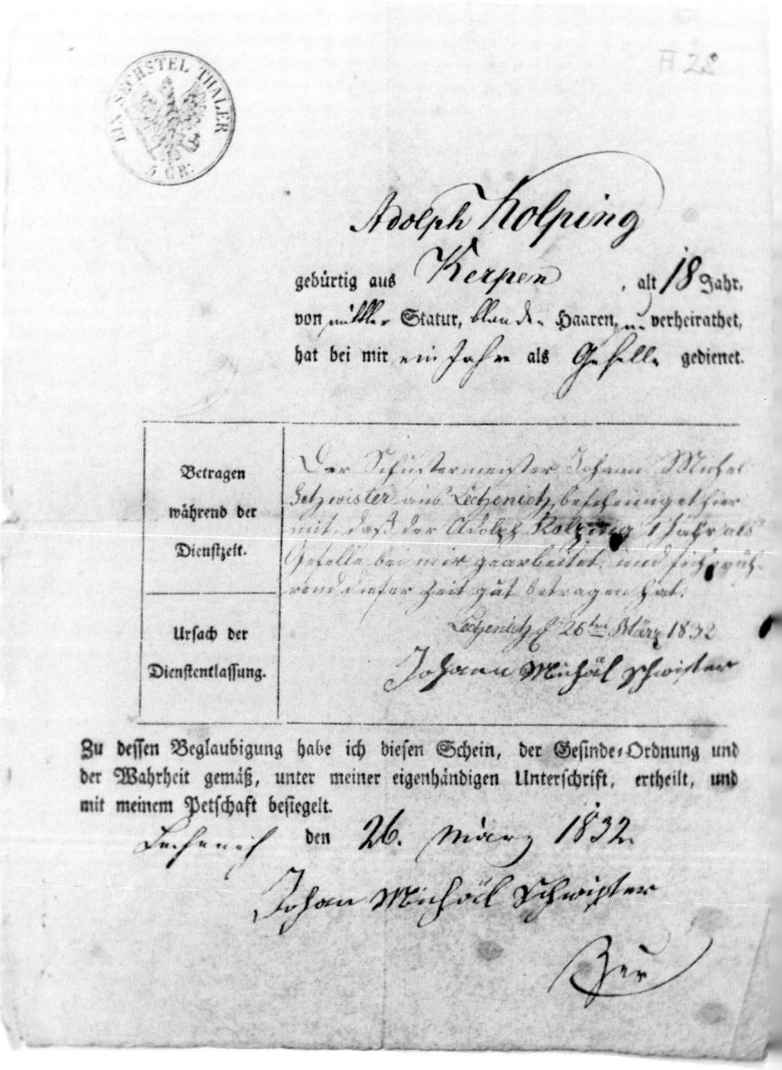

EIN SECHSTEL THALER 5 GR.

Adolph Kolping

gebürtig aus Kerpen, alt 18 Jahr,

von mittler Statur, blonden Haaren, nicht verheirathet,

hat bei mir ein Jahr als Geselle gedienet.

Betragen während der Dienstzeit.	Der Schustermeister Johann Michael Schwister aus Lechenich, bescheinige hiermit, daß der Adolph Kolping 1 Jahr als Geselle bei mir gearbeitet, und sich gut während dieser Zeit gut betragen hat. Lechenich, den 26ten März 1832 Johann Michäl Schwister
Ursach der Dienstentlassung.	

Zu dessen Beglaubigung habe ich diesen Schein, der Gesinde-Ordnung und der Wahrheit gemäß, unter meiner eigenhändigen Unterschrift, ertheilt, und mit meinem Petschaft besiegelt.

Lechenich den 26. März 1832

Johann Michäl Schwister

Das Zeugnis des Handwerksmeisters Johannes Michael Schwister über den Schuhmachergesellen Adolph Kolping

Der Freundschaftsbund junger Leute

Im Sommer 1846 fand Kolping nämlich Kontakt zu einigen Handwerksgesellen. Zwei in Elberfeld arbeitende Schreinergesellen, Georg Gerlach aus Stadtbergen und Fritz Kamp aus Vollmarshausen, hatten mit Gleichgesinnten einen Freundschaftsbund mit dem Ziel geschlossen, zur Verschönerung der St.-Laurentius-Prozession eine Fahne zu beschaffen. Kolping besorgte sie ihnen durch einen ihm befreundeten Maler. In ihrer Freizeit übten diese jungen Gesellen auf der Werkstatt des Schreinermeisters Thiel passende Lieder für die Laurentiusprozession ein.

Johann Gregor Breuer, der Hauptlehrer an der Mädchenschule in Elberfeld, nahm sich dieses Freundschaftsbundes an. Er machte aus ihm eine geschlossene Gruppe und nannte sie „Gesellenverein“. Sinn und Zweck dieses Vereins legte er in einer Denkschrift und in einem Statut fest.

Der Jünglingsverein

Dieses Statut wurde durch Breuer, Steenartz, dem ersten Kaplan, und Kolping einer gründlichen Beratung unterzogen. Man beschloß neben einigen anderen Änderungen, den Namen „Gesellenverein“ in „Jünglingsverein“ umzuändern, da viele Mitglieder nicht Gesellen im eigentlichen Sinne waren. Kolping war sofort mit Begeisterung dabei: „Da haben Sie ein Ding gemacht, daran habe ich all mein Lebtag gefreit“, sagte er freudestrahlend zu Breuer[21].

Aufgrund dieses Gespräches fand am 6. November 1846 die Wahl des Vorstandes statt. Lehrer Breuer wurde Sekretär und dessen Freund, der Seidenweber Jakob Ermekeil, Kassierer. Zum Präses wurde der erste Kaplan Steenartz gewählt, obgleich viele Gesellen Kolping zum Präses haben wollten. Kolping blieb der Wahl fern; wahrscheinlich aus Bescheidenheit, weil er zweiter Kaplan war. „... somit waren die Gesellen veranlaßt, denselben (Steenartz – Anm. d. Red.) zu wählen“, schrieb Gruß, der erste Senior des Elberfelder Vereins, in seinen Erinnerungen zum 50. Stiftungsfest im Jahre 1896[22].

Kolping und Breuer

Der 6. November 1846 kann als der eigentliche Tag der Gründung des Katholischen Gesellenvereins angesehen werden. Es ist müßig, sich darüber zu streiten, wer nun der wirkliche Gründer des früheren Katholischen Gesellenvereins, des heutigen Internationalen Kolpingwerkes, ist: der Lehrer Johann Gregor Breuer oder der Priester Adolph Kolping. Breuer ist der Gründer des ersten Katholischen Gesellenvereins in Elberfeld. Diesen Ansatz von Breuer griff Adolph Kolping auf und gab dem Verein eine überregionale Bedeutung in der Zielsetzung und in den Grundsatzfragen und breitete ihn durch sein Organisationstalent aus. Kolping ist daher der Gründer des Katholischen Gesellenvereins, des heutigen Internationalen Kolpingwerkes. Kolping selbst hat diesen Anspruch für sich jedoch nicht erhoben, sondern vielmehr betont: „Die Stiftung des Gesellenvereins ist keines Menschen Werk, sondern Gottes Werk“, wie Breuer in seiner „Festschrift Mädchenverein“ selbst vermerkt.

Kolping arbeitete in dem von Lehrer Breuer gegründeten Verein sofort tatkräftig mit. Breuer berichtet darüber in seiner Selbstbiographie: „Die originelle Weise, in der er zu den jungen Leuten redete, noch mehr aber das tiefe Verständnis für die Leiden des Handwerksburschen in der Fremde und der herzliche Biederton, mit dem er seiner Teilnahme Ausdruck gab, zündeten alsbald und nahmen ihm die Herzen aller ein. Von da ab kam Kolping jeden Montag, und viele Gesellen freuten sich die ganze Woche hindurch auf seinen Vortrag und konnten den Abend kaum erwarten."

Kolpings Wahl zum Präses

Im Mai 1847 wurde Kaplan Steenartz zum Pfarrer von Wermelskirchen ernannt. Bei der Neuwahl, die im Juni stattfand, wurde Kolping zum Präses gewählt. Kolping widmete sich nun der Arbeit mit ganzer Kraft. An seinen Lehrer Döllinger schrieb er: „Ich brenne vor Verlangen, diesen Verein noch im ganzen katholischen Deutschland eingeführt zu sehen. Allerdings, die dazu nötigen Geistlichen müssen wir uns erst noch dafür erziehen, doch die Umstände sind günstig ... Seit ich in unserem Verein aber wieder mit dem Volke volkstümlich verkehre, ist die Lust an wissenschaftlichen Studien gewichen, glaube ich gar zu bemerken, daß ich dazu im Grunde sehr wenig geeignet bin; dagegen aber finde ich mich in einer solchen Volksprofessur ganz in meinem Elemente."[23]

Kolpings Sendungsbewußtsein

Kolping erkannte also, daß der Elberfelder Verein weit über die Grenzen dieser Stadt hinaus eine von Gott gewollte, zeitgeschichtliche, religiös-soziale Mission zu erfüllen habe. Daher entschloß er sich, seine Gedanken und Pläne über den Gesellenverein in einer Schrift niederzulegen. Ende Oktober 1848 erschien diese Schrift unter dem Titel: „Der Gesellenverein. Zur Beherzigung für alle, die es mit dem wahren Volkswohl gut meinen". Eingehend schildert er im ersten Teil die Lage des Gesellenstandes, im zweiten Teil beschreibt er den Gesellenverein als eine Institution zur Behebung der bestehenden Mängel, und im dritten Teil weist er auf die Notwendigkeit und Möglichkeit der Verbreitung des Gesellenvereins hin.

Nachdem Kolping die Bedeutung des Gesellenvereins in Elberfeld erkannt hatte, war es ihm klar, daß die Verbreitung nicht von hier, sondern nur von einer bedeutenden Stadt ausgehen konnte. Für ihn als Priester der Erzdiözese Köln konnte dafür nur Köln in Frage kommen. Er bat daher seinen Erzbischof um eine Stellung in Köln. Obwohl der Erzbischof ihm gut gesonnen war, konnte er seinen Wunsch erst nach mehrmaligem vergeblichem Bemühen erfüllen, da keine Stelle frei war. Endlich am 15. März 1849 wurde ihm die Stelle eines Domvikars an der Hohen Domkirche übertragen.

Abschied von Elberfeld

Ende März fand in Elberfeld die Abschiedsfeier statt. Welches Vertrauen Kolping sich hier erworben hatte, zeigt die Abschiedsrede, die das Vereinsmitglied Julius Martin hielt: „Mit dem schönen Namen ‚Vater' begrüßen wir Dich heute in dieser Abschiedsstunde ... Das Glück, das wir hier genießen, soll nun auch anderen zuteil werden. Neue Brüder sollen wir erhalten, Brüder nah und fern ... Gott wolle Dir die nämliche Jugend aller Orten zuführen, den Acker ihrer Herzen fruchtbar machen, auf daß die Saat, die Du streust, Wurzel fasse, kräftig wachse und dort und überall wie hier grüne und blühe und viele Früchte bringe für das zeitliche und ewige Leben.“[24]

Kolping schloß seine Dankesworte mit einem Gelöbnis der Treue und Liebe zu den Gesellen: „Als wir uns zu unserem Verein zusammenfanden, da standen wir wie Freunde, wie Brüder beieinander. Guten Boden habe ich gefunden, frische männliche Herzen waren der fruchtbare Acker, auf dem ich gewirkt. Ich habe es ehrlich und gut mit Euch und dem Vereine gemeint und ich bin mit froher Seele Euch stets entgegengekommen. Aber Ihr habt mir ja auch das gute, offene Herz, den redlichen Willen, die Freude am Guten entgegengebracht, ein glänzendes Zeugnis für Euch. Kein Tag von der Wiege des Vereins bis jetzt ist mit Schmerz gezeichnet; es war eine Kette von Freuden. Niemand soll das heilige Band lösen oder auch nur schwächen, das die Liebe um uns geschlungen ... Ich gehe mit fröhlicher Hoffnung, ein Vaterhaus zu eröffnen allerwege für Euch und Euresgleichen. Gott stärke meine schwache Kraft und gebe meinem Wirken Gedeihen.“[25]

Gründung des Kölner Gesellenvereins

Seine wichtigste Aufgabe in Köln sah Kolping darin, einen Gesellenverein zu gründen. Von Elberfeld aus hatte er den Gesellen Franz Gumpertz, einen geborenen Kölner, bereits Vorbereitungen treffen lassen. In dem Religionslehrer Dr. Vosen und Kaplan Necker von Groß

St. Martin gewann Kolping sofort zwei Geistliche für seine Sache. So konnte er es wagen, bereits am 6. Mai 1849 eine Gründungsversammlung einzuberufen. Groß war die Enttäuschung, als nur sieben Gesellen zu dieser Versammlung in der Kolumbaschule erschienen.

Kolping ließ sich von der geringen Teilnehmerzahl nicht entmutigen. Er versuchte die sieben Gesellen von der Notwendigkeit des Vereins durch seine Beredsamkeit zu überzeugen. Dr. Vosen schreibt dazu: „Als ... an jenem ersten Abend Kolpings Worte an die kleine Schar immer wärmer wurden, schlugen sie zuletzt blitzartig in die Gemüter der wenigen ein, so daß sie, wie von einem geheimen Zuge geleitet, durch ihr Gefühl den Wert der Sache ahnten, welchen die Einsicht noch wenig begriff."[26]

Die Mitgliederzahl des neuen Vereins in Köln nahm aber sehr rasch zu, so daß die Kolumbaschule schon bald zu klein wurde. Am 1. Januar 1850 – also nach einem halben Jahr – zählte der Kölner Gesellenverein bereits 550 Mitglieder.

Das erste Gesellenhaus an der Breiten Straße

Nachdem Kolping mehrere Male umgezogen war, weil bald jedes Lokal zu klein wurde, entschloß er sich, das sogenannte „Lendersche Haus" in der Breiten Straße zu Köln mit einem großen Garten für 14200 Gulden für den Gesellenverein zu erwerben, obgleich er kein Geld hatte. Als man ihn deswegen vor dem Ankauf warnte, war seine Antwort: „Tut nichts, dann gehe ich eben betteln, bis alles bezahlt ist." In der Tat hat Kolping das Geld für dieses Haus erbetteln müssen. In seiner 1852 erschienenen Schrift „Für ein Gesellen-Hospitium" legte

Kolping die Zielsetzung des Hauses dar und rief zugleich alle Gesellenvereine auf, sich so rasch wie möglich ein eigenes Haus zu beschaffen.

Die Ausbreitung der Gesellenvereine

Nach dem Beispiel von Köln entstanden in rascher Folge in einer Stadt nach der anderen Gesellenvereine. So in Düsseldorf, Aachen, Bonn, Essen, Krefeld, Gladbach, Koblenz, Trier, Eupen usw. Schon im Herbst 1850 schlossen sich die ersten drei Vereine (Elberfeld, Köln und Düsseldorf) zum „Rheinischen Gesellenbund" zusammen, der sich aber schon 1851 „Katholischer Gesellenverein" nannte, um offen zu sein für alle Vereine. Denn über die rheinischen Landesgrenzen hinaus entstanden weitere Gesellenvereine in Münster, Hildesheim und Mainz.

Kolpings Missionsreisen

Im Herbst 1851 sprach Adolph Kolping auf der „Generalversammlung der katholischen Vereine Deutschlands" – später Katholikentag – in Mainz über die Gesellenvereine. Diese „Mainzer Rede" Adolph Kolpings war für die weitere Ausbreitung der Gesellenvereine in Deutschland von entscheidender Bedeutung. Voll Hoffnung kehrte Kolping nach Köln zurück und brachte in seinem Bericht vor der zweiten Generalversammlung in Köln die Hoffnung zum Ausdruck, „daß der Gesellenverein sich in nicht allzu ferner Zeit über das ganze katholische Deutschland verbreiten werde"[27].

Unter den Zuhörern in Mainz war auch der große

Freiburger Theologe und Volksschriftsteller Alban Stolz, der von Kolpings Worten so überzeugt wurde, daß er alsbald in Freiburg einen Gesellenverein ins Leben rief und zum Wegbereiter der Gesellenvereine in der Oberrheinischen Kirchenprovinz wurde.

Erste Reise nach Bayern und Österreich

Große Hoffnungen setzte Kolping auf Süddeutschland. Aufgrund der Erfahrung von Mainz schrieb er: „Nach Süddeutschland hinauf gehen meines Herzens nächste Wünsche.“[28] Nachdem er aus verschiedensten süddeutschen Städten günstige Nachrichten über beabsichtigte Gründungen von Gesellenvereinen erhalten hatte, entschloß er sich im Frühjahr 1852, eine Reise nach Bayern und Österreich zu unternehmen, die reiche Früchte tragen sollte. Es entstanden Vereine in Augsburg und München.

Von München aus fuhr Kolping nach Innsbruck, Salzburg, Linz und Steyr, wo es ihm überall gelang, Vereine zu gründen. Anschließend fuhr er nach Wien, wo er ebenfalls bald einen Verein ins Leben rief. Neben Köln und München sollte Wien zu einem zentralen Punkt des Gesellenvereins werden.

Bei seinem Aufenthalt in Wien machte Kolping die Bekanntschaft mit dem damaligen Religionslehrer Dr. Anton Gruscha, dem späteren Kardinal von Wien. Ohne ihn näher zu kennen, ging Kolping auf ihn zu und redete ihn an: „Du mußt Präses des Gesellenvereins in Wien werden.“ Auf Drängen seines Vaters, der selbst Handwerksmeister war und dieses Gespräch bei Tisch miterlebte, willigte Gruscha ein[29]. Gruscha wurde daraufhin Kolpings vertrautester Freund.

Kolping in Berlin

Auf seiner Rückreise von Wien über Prag, wo er ebenfalls einen Verein gründete, kam Kolping nach Berlin. Den ersten Geistlichen, dem er in Berlin begegnete, bestimmte er sofort und ohne Widerrede zum Präses des zu gründenden Vereins. Es war dies der Missionsvikar Eduard Müller. Dieser hatte im Konferenzsaal einer Schule einen Flügel aufgestellt, um den sich junge Leute allwöchentlich sammelten. Über seine erste Begegnung mit Kolping schreibt er: „Eines Abends wollte ich mich zu diesem kleinen Sängerkreise begeben, als ich beim Austritte aus dem Hause einem Herrn begegnete, der nach dem Propst fragte und sich als ‚Kolping' vorstellte mit der Frage: ‚Werden wir in Berlin einen Gesellenverein aufbringen?' Ich entgegnete ihm: ‚Darüber können Ihnen diese jungen Leute Auskunft geben, die hier nebenan singen und auch Gesellen unter sich haben.' Sogleich begab er sich zu ihnen; zwei begrüßten ihn auf das herzlichste. Sie waren in Köln seine Schützlinge gewesen. Sogleich begann das Planen über die Berliner Stiftung." Müller wurde sofort – ungefragt – „in das neue Gebäck hineingeknetet". Am Sonntag darauf, dem 11. Juli 1852, waren gegen zwanzig Gesellen zusammengebracht. Kolping fragte gar nicht viel, sondern nahm die Versammelten sofort als fertigen Verein[30].

Kolping in Sachsen, Böhmen, Steiermark und Kroatien

Im Jahre 1856 machte Kolping eine weitere größere Reise nach Sachsen und Böhmen, um dann über Wien und die Steiermark nach Kroatien zu fahren. In Dresden gründete er bei dieser Gelegenheit einen Verein. Dann besuchte er die schon bestehenden Vereine in Prag, Wien, Graz und Laibach. Von Laibach kam er nach Triest, wo es ihm gelang, einige junge Leute zusammenzubringen. Nach einem Abstecher in Venedig kam er nach Agram, wo er den vom dortigen Erzbischof ins Leben gerufenen Verein besuchte. Von da ging es nach Budapest, wohin ihn der Fürstprimas von Ungarn gerufen hatte. Hier konnte er nur die Vorbereitungen für die Gründung treffen, die dann einige Monate später durch Gruscha vollzogen wurde.

Kolpings letzte Missionsreise

Die letzte Reise unternahm Kolping 1863 in die Schweiz. Er besuchte den Wallfahrtsort Maria Einsiedeln und das Grab des heiligen Klaus von der Flüe. Seit 1854 bestand ein Gesellenverein in Rorschach. 1859 hatte Kolping selbst den Gesellenverein in Basel gegründet. Während seiner letzten Reise gründete er weitere Vereine in St. Gallen, Chur und Luzern. Diese Gründungen fielen ihm nicht leicht, weil der Geist der Aufklärung und des Liberalismus zu dieser Zeit in der Schweiz allem kirchlichen Leben sehr entgegenstand. Über Freiburg und Karlsruhe, wo er die bestehenden Vereine besuchte, kehrte er nach Köln zurück.

Ein weltweites Werk

Durch die unermüdliche Tätigkeit Kolpings für die Ausbreitung seines Werkes, dem er alle seine Kräfte opferte, nahm die Zahl der Vereine und Mitglieder ständig zu. Als Kolping am 4. Dezember 1865 starb, umfaßte sein

Werk 418 Vereine in Deutschland, Österreich, Ungarn, Oberitalien, Belgien, der Schweiz, im Elsaß und sogar in St. Louis in den USA mit 24600 Mitgliedern.

Wie sehr der Aufbau seines Werkes und die vielen Reisen zur Ausbreitung an seinen Kräften gezehrt hatten, erfahren wir aus einem Brief, den Kolping nach seiner letzten großen Missionsreise am 9. Dezember 1863 an Kardinal Gruscha in Wien schrieb: „Gestern bin ich 50, sage und schreibe fünfzig Jahre alt geworden. Da ist kein Wunder, wenn der Humor sich allmählich zurückzieht und man anfängt, graue Haare zu kriegen. Wie lange wird's noch währen, bis der Feierabend kommt? Gott weiß es; aber solange es Tag ist, in Gottes Namen weiter."[31]

Krankheit und Tod

Im Juni 1865 schrieb Kolping im Vorwort des „Kalenders für das Katholische Volk" für das Jahr 1866: „Solange ich gekonnt, habe ich gearbeitet; wird's Feierabend früher als du gedacht, nun, in Gottes Namen."[32] Er muß seinen baldigen Tod geahnt haben. Davon zeugen auch die weiteren Ausführungen in diesem Vorwort:

„... glaubst du nicht, lieber Leser, daß, wenn es heißt, in so und so vielen Tagen oder Stunden mußt du in die Ewigkeit abreisen, vor deinen Richter hintreten und Rechenschaft ablegen, und zwar bei jenem Richter, der auch die Kehrseite vom Menschen kennt und allein am besten weiß, was der Mensch wert ist und *auch nicht,* – meinst du nicht, daß man dann das ganze irdische Gepäck sehr gern im Stich läßt und nur darauf bedacht ist, wie es mit den Dingen beschaffen sein mag, die man allein mit hinübernimmt und die drüben das gewaltige Schicksal entscheiden? Ich kann dir aus Erfahrung sagen, daß dann an den geistlichen Dingen *alles* gelegen ist."[33]

Diese Todesahnungen Kolpings bestätigen auch seine Freunde August Reichensperger und Dr. Chargé, die ihn während eines Erholungsaufenthaltes nach einer schweren Krankheit im Sommer 1865 im Seebad Ostende begleiteten. Sie berichten, daß Kolping sich zu dieser Zeit stets mit ernsten Dingen befaßt habe, so als ob er Todesahnungen gehabt hätte.

Letzter Besuch einer Generalversammlung der Deutschen Katholiken in Trier

Scheinbar vollständig genesen, besuchte Kolping am 10. und 11. September 1865 die Generalversammlung der katholischen Vereine in Trier. Am Abend des 10. Septembers hielt er im Saale des Gesellenhauses zu Trier eine Ansprache, die er mit frischem und lebhaftem Geist vortrug. Doch schon bald erlitt er einen starken Rückschlag seiner Krankheit. Er war gezwungen, vorzeitig von Trier zurückzukehren. In der Nacht vom 16. auf den 17. September hatte er einen so starken Anfall, daß er seinen Vizepräses Flücken zu Hilfe rufen mußte. Als dieser ins Zimmer trat, rief Kolping ihm entgegen: „Ich verbrenne fast."

Die Einweihung des Gesellenhauses

Am 17. September sollte der Erweiterungsbau des Gesellenhauses an der Breiten Straße eingeweiht werden.

Dazu war auch Kolpings Freund Gruscha aus Wien nach Köln gekommen. Gruscha berichtet, daß Kolping sich am Abend vor der Einweihung des Hauses – seinen nahen Tod voraussehend – mit der Zukunft seines Werkes beschäftigt habe. Er sprach vom Haus, „in dem das ganze Handwerk wohnen sollte“, vom Verein und von den Gesellen. Die letzten Worte an diesem Abend und fast die letzten, die er zu Gruscha sprach, waren: „Bruder, lehre sie dankbar sein.“[34]

Wie durch ein Wunder konnte Kolping tags darauf an dem feierlichen Gottesdienst in der Minoritenkirche und an den darauffolgenden Einweihungsfeierlichkeiten des neuen Hauses teilnehmen. Bei der Einweihung ergriff er noch einmal das Wort. Nur mit äußerster Anstrengung konnte er sprechen. Es war seine erste und letzte Ansprache in dem neuen Saal. Während er sonst froh und mit viel rheinischem Humor sprach, trug er diese letzte Rede seines Lebens im ernsten Tone vor.

Nach dem Fest trat die Krankheit mit besonderer Heftigkeit auf. Die Qualen seiner Schmerzen waren zeitweise so stark, daß er das klare Bewußtsein verlor. Kraft suchte Kolping im Gebet. Am Martinstag betete er zum letzten Male sein Brevier. Danach war es ihm nicht mehr möglich. Da Kolping erkannte, wie es um ihn stand, bat er seinen Vizepräses Flücken um die Spendung der Sterbesakramente.

Als man Kolping berichtete, daß die Gesellen sich allabendlich in der Minoritenkirche versammelten, um für seine Wiedergenesung zu beten und tausend andere in und außer Köln sich mit ihnen im Gebete vereinigten, lächelte er und gab zur Antwort: „Ich vergönnte ihnen die Freude, daß sie mich durch ihre Gebete noch einmal zurückhalten könnten. Wenn ich noch notwendig bin, verschmähe ich die Arbeit nicht. Doch ich glaube, je mehr Gebet, desto mehr Leiden. Gott erhört ihr Gebet, aber nicht so, wie sie meinen. Sein Wille geschehe an mir; er wird es am besten wissen, wie es gut ist für mich und andere.“[35]

Am Tage vor seinem Tod wachte auch sein Bruder Wilhelm am Sterbebett Kolpings. Als Adolph Kolping ihn sah, ergriff er hastig das Kreuz, das er aus Rom mitgebracht hatte, reichte es seinem Bruder und sprach: „Dies schenk ich dir. – Wehr dich damit!“[36] Am anderen Tag, dem 4. Dezember 1865, nachmittags 14.00 Uhr rief Gott ihn heim in sein Reich.

Die Beisetzung

Am Morgen des 7. Dezember 1865 fand in der Minoritenkirche das Requiem für Kolping statt. Die Ansprache hielt Religionslehrer Dr. Vosen, ein enger Freund Kolpings. Von der Minoritenkirche wurde der Sarg unter großer Beteiligung der Gesellen und Kölner Bürger zum Melatenfriedhof geleitet und dort zunächst beigesetzt[37].

Kolpings Wunsch war es, in der Minoritenkirche vor dem von ihm gestifteten und von Gesellen angefertigten Josefsaltar begraben zu werden. Eine schlichte Grabplatte sollte über seinem Grab angebracht werden. Auf ihr sollten nur die Worte eingemeißelt sein:

Hier ruhet

Adolph Kolping
geb. 8. Dezember 1813
gest. 4. Dezember 1865

Er bittet
um das Almosen
des Gebetes.

Nachdem der König von Preußen dem Wunsch Kolpings am 23. März 1866 entsprochen hatte, fand am 30. April 1866 die Überführung der Leiche Kolpings vom Friedhof Melaten in die Minoritenkirche in aller Stille statt.

Das Kolpinggrab – Mittelpunkt des Gesellenvereins

Das Grab Adolph Kolpings in der Minoritenkirche zu Köln wurde sofort zum Mittelpunkt des Gesellenvereins und des späteren Internationalen Kolpingwerkes. Nach der Zerstörung der Minoritenkirche durch Bomben im Zweiten Weltkrieg haben die Mitglieder des weltweiten Kolpingwerkes durch Eigenleistung und Spendenaktionen dazu beigetragen, daß die altehrwürdige Kirche bald wiederaufgebaut werden konnte und so auch das Grab Adolph Kolpings wieder zu einem echten Anziehungspunkt wurde.

Der Seligsprechungsprozeß Adolph Kolpings

In seinem Brief vom 8. August 1906 richtete der damalige Kardinal Anton Gruscha aus Wien an den Kardinal Fischer von Köln die Bitte, den Informativprozeß für die Seligsprechung Kolpings zu eröffnen. Er faßte seine Ausführungen und Begründungen in dem Satz zusammen, daß er aufs tiefste davon überzeugt sei, daß Adolph Kolping ein „heiligmäßiger Priester“ sei. Leider wurde der Bitte Gruschas nicht sofort entsprochen und mit den Vorarbeiten des Prozesses erst 1926 – also zwanzig Jahre später – begonnen. Das ist sicher einer der Hauptgründe dafür, warum wir uns heute mit dem Seligsprechungsprozeß so schwer tun. Denn wäre der Prozeß damals sofort begonnen worden, hätte man noch auf Zeugen zurückgreifen können, die Kolping persönlich kannten.

Da aber 1926 kein Prozeß mehr mit Zeugen, die Kolping noch persönlich gekannt hatten, geführt werden konnte, wurde der Prozeß mit gutachtlichen und mittelbaren Zeugen veranstaltet. Dieser Prozeß wurde von Generalpräses Hürth sehr hoffnungsvoll begonnen, aber durch die Schwierigkeiten während des Dritten Reiches und durch den Krieg verzögert.

Durch Generalpräses Ridder und unter Leitung von Kardinal Frings wurde der Prozeß nach dem Krieg wiederaufgenommen und im Jahre 1951 in Köln zu Ende geführt. 1952 wurden die Unterlagen durch Weihbischof Ferche, der sich um den Prozeß sehr verdient gemacht hat, in Rom übergeben. Vollendet wurde damals der sogenannte „Schriftenprozeß", der die Untadeligkeit des gesamten umfangreichen Schrifttums Kolpings offiziell anerkannte.

Diese Unterlagen wurden nicht als ausreichend angesehen. So wurde der Prozeß nicht weitergeführt, aber auch nicht abgebrochen. Die vor- und nachkonziliare Zeit, in der die Heiligenverehrung gerade nicht besonders gepflegt und gefördert wurde, trug sicher auch zur Verzögerung bei.

Mit Hilfe und Unterstützung durch Kardinal Höffner, den Protektor des Internationalen Kolpingwerkes, wurde der Prozeß 1972 wiederaufgenommen. Es wurde eine Historische Kommission eingesetzt unter Leitung von Prof. Dr. Schnitzler, Köln, und unter Mitwirkung von Prof. Dr. Gatz, Rom, Dr. Hanke, Köln, Dr. Kracht, Köln, und Theo Rempe, Windeck, die auf wissenschaftlicher Grundlage nun das gesamte Schrifttum von Kol-

Die Minoritenkirche zu Köln, Grabeskirche des Gesellenvaters Adolph Kolping

Rückseite: Die Minoritenkirche in Köln, rechtes Seitenschiff mit dem Grab Adolph Kolpings

Hier ruhet
Adolph Kolping
geb. 8. Decbr. 1813
gest. 4. Decbr. 1865
Er bittet
um das Almosen
des Gebetes

ping und über Kolping erforscht und zusammengetragen hat, das für den Prozeß erforderlich und nützlich ist. Aus diesen Unterlagen wird die „positio causae", die eigentliche Prozeßakte, für die zwölf Geschworenen erstellt, die den Prozeß in Rom zu führen haben.

Gebet um die Seligsprechung

Bitte und Gebet um die Seligsprechung Kolpings sind aber nie verstummt. Gerade in jüngster Zeit sind sie bei Mitgliedern wie Nichtmitgliedern des Kolpingwerkes wieder besonders laut geworden, weil man in Adolph Kolping den Menschen und Priester sieht, der Evangelisation und Weltdienst in hervorragender Weise zu einer Einheit verbunden hat und dadurch Priestern und Laien den Weg zu einem modernen Glaubensverständnis weist. Ist Kolping aber darum schon ein Heiliger?

Heilige sind Menschen wie wir – wenngleich sie auch außergewöhnliche Menschen waren. Heilige sind Menschen, die ganz auf Gott vertraut haben und dadurch auch anderen den Weg zu Gott gewiesen haben. Sie sind darum Geschenk Gottes für andere Menschen, weil sie so von Gottes Geist durchdrungen waren, daß sie eine Ausstrahlungskraft auf andere ausübten. Gott ist in ihnen wirksam geworden, weil sie aufgeschlossen waren für die Aufgaben ihrer Zeit.

Der Beter

Diese Aufgeschlossenheit finden wir auch bei Adolph Kolping. Wir dürfen in ihm nicht zuerst immer nur den „Gesellenvater" oder „Sozialreformer" sehen, sondern zunächst den Menschen, der sein Christsein von frühester Jugend an in vorbildlicher Weise verwirklicht hat. Seine Tagebuchaufzeichnungen und andere Schriften sowie Zeugenberichte geben wieder, daß er ein tieffrommer Mann, ein Beter war: „Je mehr gebetet wird im Hause, desto fester stehen die Mauern. Lasset nur recht viele Gebete in diesem Hause gen Himmel steigen“[38], schrieb er an den Vincenzverein von Köln, als dieser um die Erlaubnis bat, seine Sitzungen im Gesellenhaus abhalten zu können. Dabei lag ihm aber jede Art falsch verstandener Frömmigkeit fern: „Wenn man nur arbeitet und nicht betet, dann zerbröckelt das Brot in der Hand und nährt nicht mehr den Mann: denn beim Beten und Arbeiten ist Gottes Segen“[39], rief er den Zuhörern beim Stiftungsfest in München zu. Fast jeden seiner Briefe beendete er mit der Bitte um ein Gedenken im Gebet.

Sein Dienst am Nächsten

Durch seine kernige Frömmigkeit öffnet uns Kolping den Blick für das Übernatürliche, ohne dabei die irdischen Pflichten zu vernachlässigen. Wie kaum ein anderer verband er tiefe, schlichte, einfache Glaubensüberzeugung mit sozialen Aufgaben und Diensten aus dem Geist der Nächstenliebe. Während seiner Studentenzeit nahm er sich der kranken und in Not geratenen früheren Mitgesellen an. Später riskierte er als Domvikar in Köln sein eben begonnenes Lebenswerk, indem er sich freiwillig als Seelsorger für die Cholerakranken zur Verfügung stellte, obgleich er selbst nicht der Stärkste war. Denen, die ihn warnten, soll er geantwortet haben: „So einen wie mich kann unser Herrgott alle Tage haben.“

Der Seelsorger

Bei allem, was Kolping auch später als der große Sozialreformer geleistet hat, blieb er doch immer Seelsorger. Dr. A. Franz – ein guter Kenner Kolpings – schreibt in seinem Buch: „Adolph Kolping, der Gesellenvater“: „Nicht so sehr seine hohe theologische und pastorale Bildung machte ihn zum erfolgreichen Seelsorger, als die Tiefe seiner Menschenliebe, die aus allen Worten dieses Priesters sprach, sein Beispiel der Selbstlosigkeit und Demut zogen an, die einfache schlichte Predigt ergriff das Volk.“[40]

Die Bedeutung Kolpings als Seelsorger bringt am treffendsten ein französischer Historiker zum Ausdruck, wenn er sagt: „Adolph Kolping in seinen Predigten zu Köln, das war nicht die Kirche, die zum Volke ging, sondern die aus dem Volke hervorgegangene und Volk gebliebene Kirche.“[41] Der Jesuitenpater Otto Pfülf ergänzt dieses Bild mit den Worten: „Der vielfach merkwürdige Mann war vor allem der echte Typus des katholischen Seelsorgers nach dem Herzen der Kirche; in seinem Wandel wie in seinem Wirken für jeden Priester ein leuchtendes Vorbild.“[42]

Sein Gottvertrauen

Gottvertrauen und Opfergeist zeichneten Kolping in besonderer Weise aus. Ohne sein fast an Vermessenheit grenzendes Gottvertrauen hätte er in der damaligen Zeit sein Werk nicht aufbauen können. Denken wir nur einmal an den Bau und die Unterhaltung der Gesellenhäuser. Wie hat er darum kämpfen und dafür betteln müssen. Aber wieviel Hunderttausenden von jungen Menschen hat er damit nicht nur eine familienhafte Geborgenheit und Heimat in der Fremde gegeben, sondern auch die Möglichkeit der Berufsausbildung und -weiterbildung geboten, um eine Existenz aufbauen und eine Familie gründen zu können.

Opfergeist zeigte Kolping bis zu seinem Tode in seiner schlichten und einfachen Lebensweise, obwohl er durch seine schriftstellerische Tätigkeit ein hohes Einkommen hatte. Sein ganzes Vermögen widmete er ausschließlich dem Aufbau und der Unterhaltung seines Werkes.

Ein Heiliger?

Nach dieser kurzen Darlegung des Wirkens Kolpings dürfen wir nochmals die Frage stellen: „Ist Kolping ein Heiliger?" Eine Antwort auf diese Frage gibt uns die schweizerische Schriftstellerin Anna Richli: „Gott weiß allein, ob nicht einst eine Zeit anbricht, in der die Menschen Kolping, diesen begeisterten Nachfolger des Menschheitserlösers anrufen: ‚Bitte für uns!' Aber das ist im Grunde nicht die Hauptsache. Es gibt ja so viele Heilige – Gott sei Dank auch in unseren Tagen –, deren Bildnis nie einen Altar schmücken wird, aber im Herzen Gottes und in den Herzen der Menschen für Zeit und Ewigkeit eingeprägt sind und bleiben. Und zu diesen Heiligen gehört sicher die säkulare Gestalt Adolph Kolpings kraft der Feuersglut seiner Liebe und dem Segen und Fortwirken seiner Tat."[43]

Kann es uns verwundern, daß immer mehr Menschen zu seinem Grab in die Minoritenkirche nach Köln kommen und Adolph Kolping um seine Hilfe und Fürsprache in ihren Anliegen bei Gott bitten oder Gott für gewährte Hilfe auf die Fürsprache Adolph Kolpings danken? Die große Verehrung Kolpings und das Vertrauen zu ihm geben uns den Mut und die Zuversicht, um seine Seligsprechung zu beten und den Seligsprechungsprozeß weiterzuführen. Dazu hat uns ja auch Papst Johannes Paul II. bei seinen beiden Besuchen des Kolpinggrabes aufgerufen. Er hat auch den Grund dafür angegeben: „Solche Leitbilder wie Kolping brauchen wir für die Kirche von heute.“[44]

Das Programm Kolpings

Bei der schnellen Ausbreitung des Gesellenvereins in Deutschland und Mitteleuropa übersah Kolping nicht die Notwendigkeit einer soliden Grundlegung seines Werkes. Dieser Aufgabe widmete er bis zu seinem Lebensende einen Großteil seiner Predigten, Vorträge, Aufsätze und Konferenzen. Die geistige Ausrichtung der Gesellenvereine war seine ständige Sorge: „Wir müssen ständig darauf bedacht sein, daß die Einrichtung des Gesellenvereins nicht heute oder morgen über den Haufen fällt, sondern stehen bleibt und auch geistig wachse.“

Geistige Grundlegung

Der Ausgangspunkt für die geistige Grundlegung seines Werkes war für Kolping nicht allein die religiöse und sittliche Not der jungen Menschen, sondern viel mehr noch die religiös-soziale Situation seiner Zeit. Nach der Auflösung der alten sozialgebundenen Wirtschafts- und

Staatsordnung durch die Französische Revolution und insbesondere nach der Einführung der Gewerbefreiheit und des privatrechtlichen Arbeitsvertrages wurden die Handwerksgesellen des religiös-sozialen Schutzes der alten christlichen Meisterfamilien und Zünfte beraubt. Dazu kam dann noch der allgemeine Sündenfall der Gesellschaft, nämlich die kirchenfeindlichen Tendenzen, die seit den Tagen der Aufklärung im Bürgertum lebten, und die religionsfeindlichen Bestrebungen der kommunistisch-sozialistischen Bewegung, unter denen niemand so sehr zu leiden hatte wie die Gesellen in den Werkstätten und Herbergen.

In dieser religiös-sozialen Not wollte Kolping den Handwerksgesellen helfen, indem er der glaubensfeindlichen Umwelt eine vom christlichen Geist durchseelte katholisch-soziale Gemeinschaft gegenüberstellte, die die jungen Menschen vor den Gefahren einer gottentfremdeten Gesellschaft bewahren sollte. Zugleich sollte diese Gemeinschaft die jungen Handwerker aber auch zu einem christlichen Leben inmitten dieser Gesellschaft ertüchtigen und so an der Erneuerung der Gesellschaft vom christlichen Standpunkt aus mitwirken. In diesem Sinne schrieb er:

„*Der Gesellenverein soll den besseren Gesellen einen gemeinsamen sittlichen Halt im Leben gewähren,* eine höhere Ermutigung zu energischem Widerstand gegen die Verderbtheit in ihrem Stande, gegen das Schlechte überhaupt.“[45]

Der Glaube – Fundament des Vereinslebens

Grundlage für die religiöse und soziale Formung junger Menschen war für Kolping der katholische Glaube in seiner ganzen Fülle und Kraft: „Damit das gesellschaftliche Leben auf dauernder Grundlage sich erbaue, müssen seine Grundsätze die des katholischen Glaubens sein.“ Und in bezug auf den Verein stellte er fest: „Man würde vor lauter Bäumen den Wald nicht sehen, wenn man übersehen wollte, daß allein der Umstand, daß der Verein so recht eigentlich aus katholischem Boden entsprossen, aus der Religion seine ganze Triebkraft erhalten, ihm die ganze Wichtigkeit mitsamt dem ungeahnten Erfolg gegeben hat.“[46]

Als Grundvoraussetzung für den Eintritt in den Verein verlangte er daher von den Gesellen die Treue zum christlichen Glauben und seinen Forderungen: „Es liegt auf der Hand, daß die ersten Mitglieder wahrhaft Religion haben müssen, und daß nur solche den Grund und das Fundament des Vereins bilden können.“ In den Mittelpunkt der Vereinsarbeit stellte er den Unterricht über die christlichen Glaubenswahrheiten und die religiöse Übung des praktischen Glaubenslebens. Daher ermahnte er die Gesellen schon bei seinem Abschied in Elberfeld: „Ohne ein tüchtiges Christentum kein kräftiger Halt im Leben, keine wahre Zufriedenheit, keine rechte Tugend, keine dauernde Rechtschaffenheit, ohne lebendiges Christentum kein Glück ... Deshalb wollt Ihr Euch in Eurem Glauben mehr und mehr unterrichten lassen, und in der Tat, je mehr man ihn kennenlernt, um so lieber übt man ihn.“[47]

Der Präses

Für die Verwirklichung der Glaubensunterweisung ging Kolping von der prägenden Kraft des Priesters aus: „Damit aber ein solch gesellschaftliches Leben auf dauernder Grundlage sich erbaue, sollen seine Grundsätze religiös sein und deshalb ist zum Wächter ein katholischer Geistlicher bestellt, der nicht sehen darf weder zur Rechten noch zur Linken, sondern ein Diener Gottes sein soll durch und durch und überall. Seine Person ist ein lebendiges Glaubensbekenntnis, das der Verein nicht weiter mehr abzulegen braucht. Daß er sich heut zu Tage unter unsern Zuständen um das soziale, bürgerliche, gesellschaftliche Leben zu kümmern hat, daß er sich bis zur Erde bücken soll, um aufzuheben, was nur die Hand nach Hilfe ausstreckt, bedarf keiner Erörterung mehr."[48]

Durch das Präsesamt wollte Kolping dem Priester einerseits die Gelegenheit geben, enger mit dem Volk zusammenzukommen, um es christlich zu bilden, andererseits wollte er dem Geistlichen durch den Verein aber auch sein legitimes Amt als Volkserzieher wieder zurückgeben, das ihm durch die Aufklärung und Französische Revolution weithin genommen war. Darum mahnte Kolping den Klerus immer wieder, diese Aufgabe doch ernstzunehmen: „... der Geistliche ist der geborene Volkserzieher, er kann und soll auf dies wichtigste aller möglichen Ämter nicht verzichten."[49]

Kolping legte größten Wert darauf, daß nicht irgendein Geistlicher, sondern der Ortsklerus das Amt des Präses übernehmen sollte. So schrieb er an seine geistlichen Mitbrüder im Verein: „Was uns aber besonders noch bewog, die Vereinsleitung in den Händen des Pfarrklerus zu belassen, selbst wenn die nahe Möglichkeit sich gezeigt, auf anderem Wege helfen zu können, ist die Wahrnehmung, daß man *ohne Not* das Wirken im Volke dem Pfarrklerus nicht aus den Händen nehmen soll ... denn er hat die vorzüglichste Sendung ans bereits christliche Volk, er hat die Verantwortung, dann darf man ihm auch die Arbeit nicht verkürzen. Zudem ist gerade der Gesellenverein eine ebenso dankbare als bequeme Gelegenheit, wie sie kaum anderwärts geboten wird, im Volk fürs Volk zu wirken, dasselbe auch nach anderen Seiten als die bloß amtlichen darbieten, kennen zu lernen und für jedes Gute anzuleiten."[50]

Erneuerung der Gesellschaft

Kolpings Hauptanliegen war es, durch den Gesellenverein an der Erneuerung der Gesellschaft mitzuwirken. Das sollte nicht zuerst durch Veränderung von Strukturen geschehen, sondern durch Bildung und Formung der Menschen. Unter den verschiedenen gesellschaftlichen Lebenskreisen waren es vor allem der Beruf, die Familie und das Volk, an deren Erneuerung der Gesellenverein durch Erziehung tüchtiger, christlicher Meister, Väter und Bürger arbeiten sollte. In den „Rheinischen Volksblättern" schrieb er: „Diese jungen Männer werden bald, etliche vielleicht schon sehr bald, Meister und Familienväter, sie reihen sich bald in die Bürger ein – und der muß wahrlich stockblind sein, der nicht einsieht, daß es von der größten Wichtigkeit ist, ob dieser oder jener junge Mann ein braver, tüchtiger Meister oder ein elender Pfuscher, ein frommer, pflichttreuer Familienvater oder ein fruchtbarer Elendsvermehrer, ein ehrenwerter Bürger der Stadt und des Staates oder eine stets sich vermehrende Last der Gemeinde wird – das mindeste zu sagen. Hier wird es also darauf ankommen ... das wirklich praktische Leben [zu] fassen, um diesen jungen Leuten für Zeit und Ewigkeit wahrhaft nützlich zu werden. Hier wird es also darauf ankommen ... das Christentum dem Geiste und der Praxis nach ins wirkliche – gesellschaftliche Leben hineinzutragen. Denn das ist gewiß, heutzutage ist es mehr wie je wahrlich nicht genug, daß man auf der Kanzel das Christentum theoretisch predigt, die Kinder im Katechismus unterrichtet usw., sondern es tut in unserem vielfach entchristlichten praktischen Leben not, dieses praktische Leben selbst wieder mit christlichen Augen anschauen zu lehren, not tut es, daß die Lehrer der göttlichen Wahrheit auch wieder mitten unter das Volk, ich sage sogar in sein geselliges Leben treten, damit das Menschliche auch da wieder durch das Göttliche von den Toten erweckt und in rechter Weise zu leben anfange.“[51]

Aus dieser Aussage läßt sich das Programm Adolph Kolpings kurz und präzise formulieren:

- Sei ein überzeugter Christ.
- Leiste Tüchtiges in deinem Beruf.
- Werde ein guter Familienvater (heute müßten wir hinzufügen: eine gute Mutter).
- Sei ein guter und ehrenwerter Staatsbürger.

Dieses Programm trifft für den einzelnen in fast allen Lebensbereichen zu. Es ist nicht an eine bestimmte Gruppe von Menschen, nicht an ein bestimmtes Land und auch nicht an eine bestimmte Zeit gebunden. Darum hat es zu jeder Zeit und überall Gültigkeit, wenn es den Vorstellungen Kolpings gemäß immer wieder neu in die Zeit hineingestellt und an den jeweiligen Aufgaben der Zeit ausgerichtet wird.

Berufliche Weiterbildung

In einer Rede, die Kolping im „Bayerischen Verein für religiöse Freiheit und konstitutionelle Monarchie“ hielt, schildert er das soziale Elend der Handwerksgesellen.

Abhilfe erhofft er sich aber nicht zuerst durch soziale Maßnahmen von außen, sondern von der „Hilfe zur Selbsthilfe“. Diese bestand für ihn in der beruflichen Tüchtigkeit: „In dieser Tüchtigkeit im Berufe liegt ein Hauptgrund der inneren Zufriedenheit, des rechten, zuständigen Selbstbewußtseins, was den Mann ziert, und jener Ehre vor der Welt, die eigentlich niemandem fehlen soll...“[52]

Darum mahnte er die Gesellen ohne Unterlaß, um des Glücks ihrer Zukunft willen und auch vor allem um des Glücks ihrer zukünftigen Familie willen, doch ja keine Gelegenheit zur beruflichen Weiterbildung sich entgehen zu lassen. Die Präsides bat er, soweit es die örtlichen Verhältnisse erlaubten, in jedem Verein Unterrichtskurse zur beruflichen Weiterbildung einzurichten.

Wenn Kolping sich vornehmlich den Gesellen zuwandte, dann lag das nicht daran, daß das soziale Elend der Gesellen am größten war. Anderen Gruppen – beispielsweise den Fabrikarbeitern – ging es im anbrechenden Industriezeitalter nicht besser. Der Hauptgrund dafür ist auch nicht darin zu sehen, daß Kolping aus dem Handwerk kam. Der entscheidende Grund lag vielmehr darin, daß Kolping dem Gesellenstand als gesellschaftliche Gruppe große Bedeutung für die Erneuerung der ganzen Gesellschaft beimaß. Denn das Handwerk bildete den bedeutendsten Bestandteil des mittleren Bürgertums, und die Gesellen waren die Handwerksmeister von morgen.

Daraus darf freilich nicht geschlossen werden, daß Kolping sich nicht um die Arbeiter gekümmert habe, wie oft zu hören oder zu lesen ist. Damals steckte die Industrialisierung noch in den Anfängen. Darum gab es auch noch nicht die scharfe Trennung zwischen Handwerksgesellen und Industriearbeiter wie heute. Kolping wandte sich auch anderen zu: „Daß der Gesellenverein nicht ausschließlich für ledige Handwerksgesellen eingerichtet ist, wissen alle, die an demselben in Städten tätig sind. Auf dem Lande gar oder auch in kleineren Städten dürfte man das Augenmerk mehr noch, als es in größeren Städten möglich ist, auf die jungen Männer überhaupt richten ..."[53] Entscheidendes Kriterium für die Mitgliedschaft im Gesellenverein war darum auch nicht so sehr ein bestimmter beruflicher Status als vielmehr die Bereitschaft des einzelnen, sich beruflich und persönlich fortzubilden: „Wir wollen frische, fröhliche junge Leute, die noch den Mut der Hoffnung in sich tragen, aus sich etwas zu machen in der Welt."[54]

Erziehung zur Familie

Kolping war fest davon überzeugt, daß die Erneuerung der Gesellschaft in erster Linie von der Familie ausgehen müsse. Wie kaum ein anderer hat er die Familie zum Gegenstand der Seelsorge gemacht und dem Klerus den Weg zu einer segensreichen Arbeit an der Erneuerung des christlichen Volkslebens von der Wurzel aus gewiesen. „Predigt und erzieht an einzelnen, was ihr wollt; wenn das Familienleben die gute Aussaat nicht in Schutz und Pflege nimmt, wird eure aufgewandte Mühe meist wie Wasser im Sand verrinnen."[55]

Das Ziel der religiösen Familienerziehung war für Kolping aber keineswegs die Einzelfamilie für sich genommen, sondern immer die Familie in ihrem sozialen Bezug zur gesamten Gesellschaft, weil die Familie für ihn die Keimzelle jeder menschlichen Gemeinschaft war. Als eigentliches Ziel des Familienapostolates stand ihm die Erneuerung und Heiligung des ganzen Volkes vor Augen: „Das öffentliche Volksleben wird nicht besser, wenn die Familie nicht wieder in Ehren und Würden, wie sie ihr von Gottes und Rechtswegen zukommen, eingesetzt ist... Weil wir dem *Volke* nützlich werden möchten, haben wir unser Hauptaugenmerk auf die *Familie* und das *Familienleben* gerichtet."[56]

Nach Kolping besteht in der Beziehung Familie–Gesellschaft eine Wechselwirkung. Nicht nur die Familie wird bestimmt von den gesellschaftlichen Rahmenbedingungen, sondern auch die Qualität der Gesellschaft hängt von der Qualität der Familie ab: „Zerbrecht euch die Köpfe über die beste Staatsmaschine, wie ihr wollt; ersinnt Gesetze, welche in ihrer klugen Berechnung das ganze Altertum beschämen, solange nicht das Familienleben der übrigen Gesellschaft Würde und Halt gibt, solange nicht ein tüchtiges Familienleben eine tüchtige bürgerliche Gesinnung und Tugend erzeugt und erzieht, den Geist erweckt, in dem eure Gesetze erst Leben empfangen..., werdet ihr Wasser in ein Sieb tragen."[57] Hier wird deutlich, daß Kolping auch den Staat als Gesetzgeber in die Pflicht nimmt, die Familie zu schützen und zu fördern.

Gesellschaftliches Engagement

Obgleich Kolping die Erneuerung der Gesellschaft aus christlichem Geist als höchstes Ziel vor Augen stand, hielt er sein Werk doch bis an sein Lebensende von allen tagespolitischen Aktivitäten grundsätzlich fern. Diese „politische Zurückhaltung" ist aus der Situation der Zeit heraus zu verstehen. Hätte sich der Gesellenverein zur damaligen Zeit in die politischen Tagesereignisse eingemischt, wäre ein Verbot des Vereins nicht ausgeschlossen gewesen, da das Vereinswesen scharfer staatlicher Kontrollen unterlag.

Wenn Kolping dem Gesellenverein daher auch „politische Enthaltsamkeit" auferlegte, so hat er sich um so mehr um die Lösung der sozialen Fragen seiner Zeit bemüht. Er war einer der ersten, der lange vor Erscheinen der bedeutenden Sozialenzyklika „Rerum novarum" von Papst Leo XIII. (1891) die Kirche zum sozialen Engagement aufrief und diese Aufgabe durch die Gründung des Gesellenvereins auch selbst verwirklichte. In einem modern anmutenden Satz schrieb Kolping: „Die Kirche kann und darf sich von der sozialen Frage nicht zurückziehen, sie darf das bürgerliche Leben ihren geborenen oder geschworenen Feinden nicht allein überlassen, sie *muß* ins Leben hineintreten und den Kampf mit ihren Widersachern nicht scheuen."[58] Kolping war der Überzeugung, daß es für die Zukunft der christlichen Gesellschaft zunächst nicht auf vorschnelle Reformen der gesellschaftlichen Zustände ankomme, sondern in erster Linie auf gläubige und tüchtige Bürger, die den Willen und die Fähigkeit mitbrächten, eine gerechte und christliche Gesellschaftsordnung herbeizuführen.

Die Errichtung von Gesellenhäusern

Von den Einrichtungen Kolpings sind die Gesellenhäuser in der Öffentlichkeit am meisten bekannt, weil sie vielen jungen Menschen ein „Vaterhaus in der Fremde" und eine „familienhafte Gemeinschaft" boten. Das war auch das Anliegen Kolpings. In seiner Schrift „Für ein Gesellen-Hospitium", Köln 1852, wirbt Kolping für ein Vereinslokal, das „nützlichen und angenehmen, freien und würdigen Aufenthalt den Mitgliedern gewähren solle, wo es nicht an Büchern, Schriften und Zeitungen, sowohl religiösen, als auch bürgerlichen Inhalts fehlen und wo vor allem das lebendige Wort erklingen solle."

Seit 1851 beschäftigte Kolping sich mit dem Plan, für den Kölner Gesellenverein ein eigenes Haus zu erwerben. In Predigten und Vorträgen warb er dafür. Am 14. August 1852 kaufte er ohne jegliches Kapital das „Lendersche Haus" an der Breiten Straße in Köln. Ab September 1852 schrieb er fast jede Woche einen Artikel in der „Feierstunde" unter dem Thema: „Für ein Gesellenhospiz", um das erforderliche Geld zusammenzubetteln. Schon im Frühjahr des nächsten Jahres, am 8. Mai 1853, konnte er in das neue Haus einziehen. Die Einweihungsrede schloß Kolping mit den Worten: „Hier in unserem alten, heiligen Köln, auf gut deutschem Boden, steht das Mutterhaus. Bei uns soll es ‚Vaterhaus' heißen und es soll, will's Gott, bleiben für lange Zeit." Sein Wunsch hat sich erfüllt. Das „Kolpinghaus International" ist das größte Haus im Kolpingwerk. Es bietet heute 220 jungen Leuten aus über 20 Nationen Geborgenheit und Heimat.

Neue Wanderordnung

Auf allen Generalversammlungen der Gesellenvereine wies Kolping auf die Not der Gesellen und Wanderburschen hin und forderte die Präsides und Vorstände auf, ein eigenes Gesellenhospiz einzurichten. Ebenso forderte er dies bei seinen Reden auf den Katholikentagen. Er war sich aber auch darüber klar, daß die Errichtung von Gesellenhäusern die große Gefahr in sich barg, daß nicht nur das ehrbare Wandern gefördert würde, sondern auch dem regellosen Landstreichertum Vorschub geleistet werden konnte. Dieser Gefahr begegnete er durch eine genaue Wander- und Hausordnung, die er im Jahre 1858 erließ. Dabei ging er von dem Grundgedanken aus, daß die Gesellenhäuser „christliche Familienhäuser" des Gesellenvereins sein sollten und daher nur den Mitgliedern offenstehen konnten: „Das eigene Haus, worin Familie daheim ist, ist eine Art Heiligtum, worin es den Menschen ganz anders anweht, als wenn er die Wirtshauswände anschaut, Wirt und Wirtin gewissermaßen Vater und Mutter nennt."[59]

Akademie im Volkston

Das Gesellenhaus sollte aber den Gesellen nicht nur als „Herberge" dienen, sondern auch eine Art „Heimschule" sein, in welcher sich die Gesellen beruflich weiterbilden und auf die Meisterprüfung vorbereiten konnten. Zudem sollte die familienhafte Gemeinschaft im Gesellenhaus auch zur Gründung einer eigenen Familie führen. Darum legte Kolping sehr großen Wert auf „eine freundliche Einrichtung im Innern, bei welcher Kruzifix und Weihwasserbecken nicht fehlen durfte". Den Kritikern, die meinten, Kolping verwöhne die Handwerksburschen, antwortete er: „Wir haben es mit keinen Bettlern zu tun, sondern mit jungen Arbeitern, die ein tüchtiges Stück auf ihre Ehre halten sollen, und die, wenn sie selbst aus der ärmsten Hütte stammen, doch keine ärmliche Hütte mehr gründen sollen."[60] Den Vorstellungen Kolpings gemäß wurden die Gesellenhäuser – heute Kolpinghäuser – im wahrsten Sinne des Wortes zu „Akademien im Volkston".

oben: Das erste Gesellenhospiz in der Breite Straße in Köln

unten: Das nach der Zerstörung wieder aufgebaute Internationale Kolpinghaus heute

Generalsekretariat des Internationalen Kolpingwerkes mit Kolping-Denkmal in Köln

Das Zeugnis August Bebels

Welche Atmosphäre im Gesellenverein und im Gesellenhaus herrschte, schildert uns August Bebel, der Mitbegründer der Sozialdemokratie. Auf seiner beruflichen Wanderschaft kam er unter anderem auch nach Frei- und Salzburg, wo er als Nichtkatholik dem Gesellenverein beitrat. Aus seinem Tagebuch erfahren wir, daß er diese Mitgliedschaft nicht bereut hat. August Bebel berichtet:

„In diesen Vereinen herrschte daher auch damals gegen Andersgläubige volle Toleranz. Der Präses des Vereins war stets ein Pfarrer. Der Präses des Freiburger Vereins war der später im Kulturkampf sehr bekannt gewordene Professor Alban Stolz. Die Mitgliedschaft wurde durch den von den Mitgliedern gewählten Altgesellen repräsentiert, der nach dem Präses die wichtigste Person war. Es wurden zeitweilig Vorträge gehalten und Unterricht in verschiedenen Fächern erteilt, so zum Beispiel im Französischen. Die Vereine waren also eine Art Bildungsvereine; wie diese Gesellenvereine später sich gestaltet haben, darüber vermag ich nichts zu sagen. In dem Vereinszimmer fand man eine Anzahl allerdings nur katholischer Zeitungen, aus denen man aber doch erfahren konnte, was in der Welt vorging. Das war für mich, der schon am Ende der Schuljahre und nachher in den Lehrjahren, als der Krimkrieg entbrannt war, sich lebhaft um Politik bekümmerte, eine Hauptsache.

Auch das Bedürfnis nach Umgang mit gleichaltrigen und strebsamen jungen Leuten fand hier seine Befriedigung. Ein eigenartiges Element im Verein waren die Kapläne, die, jung und lebenslustig, froh waren, daß sie gleichaltrigen Elementen sich anschließen konnten. Ich habe einige Male mit solchen jungen Kaplänen die vergnügtesten Abende verlebt. Einen solchen Abend verbrachte ich unter anderen in München, indem ich das Gesellenvereinshaus auf der Rückreise von Salzburg besuchte und darin wohnte, und zwar Anfang März 1860. Verließ das Gesellenvereinsmitglied den Ort, so bekam es ein Wanderbuch mit, das ihn in den Gesellenvereinen und bei den Pfarrherren, falls es bei diesen um Unterstützung vorsprechen wollte, legitimierte. Ich bin noch heute Besitzer eines solchen Buches, in dem auf der ersten Seite der heilige Josef mit dem Christkindlein auf dem Arme abgebildet ist. Der heilige Josef ist der Schutzpatron der Gesellenvereine. Den Gründer der Vereine, Pfarrer Kolping, damals in Köln, der, irre ich nicht, selbst in seiner Jugend Schuhmachergeselle war, lernte ich in Freiburg im Breisgau kennen,woselbst er eines Tages einen Vortrag hielt."[61]

Korporationsrecht

Die Errichtung des Gesellenhauses in Köln brachte für Kolping sehr große Schwierigkeiten, die sogar die Existenz seines Werkes gefährdeten. Um das Haus und sein Vermögen auf eine rechtlich einwandfreie und zukunftssichere Grundlage zu stellen, gründete er aus dem „Schutzvorstand" einen „Verein zu Schutz und Pflege lediger Handwerksgesellen". Ende September 1853 richtete er ein Gesuch an die zuständigen Ministerien in Berlin mit der Bitte um Gewährung der Korporationsrechte für diesen Verein. Nach zwei Jahren, am 15. August 1855, erhielt er eine Ablehnung. Kolping wandte sich daraufhin direkt an den König von Preußen. Bevor dieser jedoch endgültig entschied, wurde der Regierungspräsident von Köln, Baron von Möller, beauftragt, Untersuchungen über die Person Kolpings anzustellen. Dabei mußte er einen Jahrgang der „Rheinischen Volksblätter“ vorlegen. Einem Freund schrieb Kolping: „Meine Person ist zum Gegenstand tief eingehender Untersuchungen gemacht worden.“[62]

Erst nachdem sich auch der Kölner Erzbischof Geissel an den König wandte und über Kolping schrieb: „Dem Präses des Vereins, Domvikar Kolping, kann ich das wohlverdiente Zeugnis ausstellen, daß er mit unermüdlichem Eifer und mit ungemeiner Selbstverleugnung seit vielen Jahren dieses edle Ziel des Gesellenvereins verfolgt“[63], entschied der König und unterzeichnete am 29. April 1856 eine Kabinettsorder, in welcher die Verleihung der Korporationsrechte an den Schutzvorstand des Kölner Gesellenvereins ausgesprochen wurde. Damit war der Weg frei für die Errichtung weiterer Gesellenhäuser in Preußen.

Kolpings publizistische Tätigkeit

Große Bedeutung erlangte Adolph Kolping als Redner und Schriftsteller. Prof. Dr. Michael Schmolke schreibt in seiner wissenschaftlichen Arbeit „Kolping als Publizist“: „Auf die Frage nach dem Beruf, etwa für ein Paß- oder sonstiges Personal-Formular, hatte Adolph Kolping drei Antwort-Möglichkeiten: Er konnte zwei ‚gelernte‘ Berufe nennen, nämlich Schuhmacher (ausgeübt bis 1837) oder Priester (Kaplan, Domvikar, Rektor, Generalpräses des Katholischen Gesellenvereins; ausgeübt ab 1845) oder er konnte seinen ‚Brotberuf‘ nennen, und dann hätte er ab 1850, bestimmt aber ab 1854, ‚Redakteur‘ oder ‚Journalist‘ als Antwort einsetzen müssen.“[64]

Der Redner

Durch seine kernigen und volksnahen Predigten im Dom und in der Minoritenkirche zu Köln wurde Adolph Kolping über den Gesellenverein und Köln hinaus bald als ein gern gehörter Prediger bekannt. Das war sicher auch der Grund mit dafür, daß er immer wieder als Redner zu den Generalversammlungen der katholischen Vereine geholt wurde, wo er wegen seiner volkstümlichen Ansprachen oft mit stürmischem und langandauerndem Beifall gefeiert wurde. Aus den Protokollen der Generalversammlungen geht hervor, daß er dreizehn Reden vor diesem Gremium gehalten hat: drei in Mainz (1851), drei in Münster (1852), je eine in Wien (1855) und Köln (1858), zwei in Freiburg (1859), zwei in Aachen (1862) und eine in Würzburg (1864). Auf der Generalversammlung in Mainz 1851 hielt Kolping seine bedeutendste Rede über den Gesellenverein und begann damit seine Werbekampagne.

Der Schriftsteller

Von Elberfeld aus arbeitete Kolping bereits an dem in Düsseldorf erscheinenden „Rheinischen Kirchenblatt“ mit. Sein erster Versuch war ein Bericht über den Besuch des Erzbischofs Johannes von Geissel in Wuppertal. Es folgte eine Abhandlung über den Jünglingsverein mit dem Titel: „Ein Wort über Volksvereine und der Katholische Jünglingsverein zu Elberfeld“.

Nach der Übersiedlung an den Dom zu Köln gab Kolping folgende eigene Publikationen heraus:

1. Zwei propagandistische Broschüren:
„Der Gesellenverein", Köln und Neuß 1849;
„Für ein Gesellen-Hospitium", Köln 1852.

2. Ab 1850 war Kolping Redakteur und Mitherausgeber, ab 1852 bis 1853 Allein-Herausgeber des „Katholischen Volkskalenders für das Jahr des alten und neuen Heils 18.." im Verlag L. Schwann, Köln und Neuß. Insgesamt gab er 17 Volkskalender heraus. Von 1854 bis 1865 war er Herausgeber des „Kalenders für das katholische Volk" im Verlag M. DuMont-Schauberg, Köln.

3. Ab Anfang 1850 war Kolping Mitredakteur und vom Herbst 1850 bis März 1854 Allein-Redakteur des „Rheinisches Kirchenblattes", Köln und Neuß, sowie der Beilagen „Vereins-Organ" (27. 10. bis 31. 12. 1850) bzw. „Feierstunde" (Januar 1851 bis März 1854).

4. Am 1. April 1854 erschien die 1. Nummer des Wochenblattes „Rheinische Volksblätter für Haus, Familie und Handwerk", Köln. Kolping war bis zu seinem Tode dessen Verleger, Herausgeber und Redakteur.

5. Zwei Jahre vor seinem Tod gründete Kolping noch eine Führungszeitschrift: „Gott segne das ehrbare Handwerk! Mitteilungen für die Vorsteher der katholischen Gesellenvereine", Köln.

6. Über diese Aufgaben hinaus betätigte sich Kolping noch als freier Mitarbeiter von verschiedenen Zeitungen und Zeitschriften.

Beweggründe für das Presseapostolat

Kolping äußerte sich des öfteren über die tieferen Gründe, die ihn trotz vielfältiger anderer Arbeit veranlaßten, sich auch noch dem Apostolat der guten Presse zu widmen. Durch die Pressearbeit wollte er sich mit den

Irrlehren der Zeit auseinandersetzen. In den „Rheinischen Volksblättern“ rechtfertigt er das: „Jetzt, wo ein neues Regen und Streben sich in unserem Vaterlande kund tut, wo die verschiedenartigsten Geister sich verlautbaren und alle die Freiheit für sich in Anspruch nehmen, ihre besonderen Gesinnungen zu vertreten, können und dürfen wir nicht schweigend zuschauen. Eine große katholische Presse haben wir im Lande nicht, oder sie ist doch sehr schwach vertreten... Da die Sache einmal so ist, so sollen die kleinen Blätter wenigstens nach Kräften ihre Pflicht tun. Sie können noch immer viel ausrichten, wenn sie nur treu auf ihrem Posten ausharren... und nicht müde werden, das verständlich und deutlich zu sagen, was gerade nottut.“[64a] Und an anderer Stelle schreibt er: „Wenn wir Katholiken in irgend einem Punkte schwach und schlecht bestellt waren... dann war das auf dem Gebiete der öffentlichen Presse. Wir setzen diesen Umstand an die Spitze, weil, wer die *Lehre* beherrscht, auch das *Leben* in seine Gewalt zu bringen sucht... Die öffentliche Presse aber ist die öffentliche Lehre heutzutage mehr als je geworden... Unwissende lehren, Irrende recht raten, gehört zu den prinzipalsten Werken der Nächstenliebe und diese Aufgabe hat heute mehr als jemals früher die katholische Presse.“[65]

Finanzielle Absicherung seines Werkes

Kolping verfolgte durch seine schriftstellerische Tätigkeit aber auch die finanzielle Sicherstellung seines Werkes. Dazu schrieb er an seinen Freund Gruscha in Wien: „Die Volksblätter... sind hier von sehr großer Wichtigkeit, sind sie am Rhein doch endlich die einzigen katholischen Blätter, die am Leben geblieben sind. Sie tun nach zwei Seiten ihre Pflicht. Im Publikum rütteln sie, wenn auch nur gelegentlich, den katholischen Glauben wach und werden in der Tat von der anderen Seite geradezu gefürchtet ... Dann liefern sie auch das tägliche Brot für unsere Anstalt, und zwar jetzt schon ziemlich reichlich. Der Ertrag stellt mich fast ganz sorgenfrei für meine Person und meine Zwecke, so daß ich meine Unabhängigkeit dadurch gesichert sehe... Ich muß ganz gehörig arbeiten, das ist wahr, aber ich kann mich frei bewegen, wofür ich Gott nicht genug danken kann.“[66]

Die „Rheinischen Volksblätter“ stellten das erste katholische Presseunternehmen im Rheinland dar, das Erfolg hatte und eine Bresche in das liberale Zeitungswesen schlug. Kolping setzte sich in den „Rheinischen Volksblättern“ besonders mit der „Kölnischen Zeitung“ auseinander. Über die Verbreitung seiner Zeitung schrieb er am 5. Oktober 1861 an seinen Freund August Reichensperger: „Ich zähle jetzt bereits über 6050 Abonnenten, und kommen täglich noch neue, so daß das Hundert jedenfalls voll wird. Sie sehen, auch wir sind Männer des ‚Fortschritts‘... Die Kölnischen Blätter haben über 3100... Die Kölnische Zeitung hat 16000 stempeln lassen...“[67]

Infolge der schnellen und weiten Verbreitung der „Rheinischen Volksblätter“ und der „Volkskalender“ auf der einen Seite und der persönlichen Anspruchslosigkeit Kolpings auf der anderen Seite gelang es ihm, auch über seinen Tod hinaus für sein Werk zu sorgen. In seinem Testament hinterließ Kolping 10000,– Taler, von dessen Zinsen für „ewige Zeiten das Amt des Generalpräses finanziert werden sollte“.

Kolping und die Minoritenkirche

Das Kolpingwerk ist eng mit der Minoritenkirche in Köln verbunden. Das hat seinen Grund darin, daß Adolph Kolping in der Minoritenkirche zum Priester geweiht wurde, seit 1862 Rektor dieser Kirche war und in ihr auch seine letzte Ruhestätte gefunden hat.

Geschichte der Kirche

Über die Geschichte der Minoritenkirche und ihre Beziehung zum Kolpingwerk gibt uns Peter Paul Trippen in seiner kleinen Schrift „Minoriten, unsere Kolpings- und Gesellenkirche in Gefahr! Eine Fest- und Bittschrift zum 700. Gedächtnistage des Todes des hl. Antonius von Padua am 13. Juni 1931" einen guten Überblick. Auf seine Ausführung stützt sich der folgende Bericht.

Im Jahre 1221 kamen Franziskaner-Minoriten nach Köln. Sie ließen sich zunächst im Pfarrbezirk St. Severin nieder, wo sie ein kleines Oratorium errichteten. Später siedelten sie in die Kolumba-Pfarre über. Bischof Robert von Lüttich hatte ihnen hier einen Palast als Wohnung mit einem großen Obstgarten geschenkt. Vor der Grundsteinlegung des jetzigen Kölner Domes im Jahre 1248 haben die Minoriten den Grundstein für ihre Klosterkirche auf diesem neuen Anwesen gegen 1242–44 gelegt. Eine alte Überlieferung berichtet, daß die Dombauleute den Minoriten in ihren freien Stunden beim Bau der Kirche geholfen hätten.

Im Jahre 1260 waren Chor und Sakristei der Minoritenkirche schon fertiggestellt, so daß der Hochaltar von Bischof Heinrich von Kurland, Graf von Lützelburg, der dem Minoritenorden angehörte, geweiht werden konnte. 1264 wird das bereits in einer Urkunde erwähnt. Die Vollendung des jüngeren Langhauses erfolgte etwas später, in der Zeit des Kölner Erzbischofs Siegfried von Westerburg (1275–97). Über die ursprüngliche Innenausstattung liegen keine genauen Berichte vor. Fest steht, daß sich das Grab des großen Minoritengelehrten Duns Scotus (1275–1308) seit dem 15. Jahrhundert vor dem Hochaltar befand. Wenn Johannes Duns, wegen seiner Herkunft aus Schottland Duns Scotus genannt, auch nur wenige Jahre in Köln lehrte, so ist sein Name doch untrennbar mit dem Kölner Minoritenkloster verbunden. Schon im 13. Jahrhundert lehrte und verteidigte er die Glaubenslehre, „daß Maria vom ersten Augenblick ihres Lebens an von der Erbschuld frei war", die Papst Pius IX. im Jahre 1854 zum Dogma erhob. Die Minoritenkirche ist die älteste Kirche nördlich der Alpen, die diesem Glaubensgeheimnis geweiht wurde.

Säkularisation

Mit der Säkularisation in Deutschland (Einziehung von Kirchengut für weltliche Zwecke) brachen für die Minoritenkirche schwere Zeiten an. Das Minoritenkloster wurde wie alle Korporationen, die sich nicht der Krankenpflege oder dem Schuldienst widmeten, am 16. August 1802 aufgehoben. Die Minoriten mußten die Stätte verlassen, an der sie über 650 Jahre sehr segensreich gewirkt hatten.

Ein Dekret Napoleons vom 17. Juli 1808 ermöglichte die Überlassung der Klostergebäude an die Stadt Köln, die ein „atelier de charité" (Arbeitsanstalt für Kinder der Armen und Bettler) in ihnen einrichten sollte. Dadurch wurde die Minoritenkirche Anstaltskirche und blieb so vor dem Abbruch verschont. Da die Arbeitsanstalt die in sie gesetzten Erwartungen nicht erfüllte, wurde sie aufgehoben und das Kloster „Sitz der vereinigten Wohltätigkeits- und Hospitalverwaltungen". Am 1. Mai 1820 wurde im Minoritenkloster eine Pfandleihstelle eingerichtet, mit der seit 1826 auch eine Sparkasse verbunden war. Ab 1836 mußte das Kloster erneut als Arbeitsanstalt eingerichtet werden. Und schließlich diente das Kloster während des Neubaus des neuen Bürgerhospitals auf dem Grundstück des Caecilienhospitals von 1844 bis 1846 als Ausweichquartier für die Unterbringung der Kranken. Dadurch wurde die Minoritenkirche Hospitalkirche. Mit der Eröffnung des Bürgerhospitals verlor die städtische Armen- und Hospitalverwaltung ihr Interesse an den Klostergebäuden, die bis auf den Kreuzgang 1855 abgerissen wurden. In den Jahren 1855–61 trat an die Stelle des Klosters der Neubau des „Wallraf-Richartz-Museums".

Die städtische „Armen- und Hospitalverwaltung" überließ 1846 die ehemalige Klosterkirche dem Erzbischof und dem Domkapitel von Köln. Am 3. Mai 1850 übernahm das Metropolitan-Domkapitel die Minoritenkirche in seinen Besitz, und durch Dekret vom 27. Juli desselben Jahres erklärte der Kölner Erzbischof und spätere Kardinal Johannes von Geissel die Minoritenkirche zur „Annexkirche des Kölner Domes und gleichzeitig zur Firmungs- und Weihekirche" des derzeitigen Weihbischofs Dr. Johannes Baudri.

Renovierung der Minoritenkirche

Im Jahr 1845 wurde ein „Minoriten-Reparatur- und Bau-Verein" gebildet, um die sehr zerfallene und dringend notwendig gewordene Wiederherstellung der Kirche vorzunehmen. Die Reparaturkosten waren von dem damaligen Dombaumeister Zwirner auf rund 26 000 Taler veranschlagt worden. Bis 1857 waren 8500 Taler beschafft, so daß die Vollendung noch lange hätte auf sich warten lassen, wenn nicht der Rentner Johann Heinrich Richartz zunächst 30 000 Taler und später nochmals 9 000 Taler zur Verfügung gestellt hätte. Trippen berichtet, daß Richartz dem Erzbischof erklärt habe: „Ich habe bisher für die Stadt Köln ein Museum gebaut, und nun will ich auch die Minoritenkirche, das Gotteshaus, herstellen, in welchem meine Verwandten und Mitbürger von jeher so gerne gebetet haben." – „Das segne Ihnen Gott!" erwiderte der Erzbischof. „Sie handeln in echt kölnischer Weise, wie ein kölnischer Sohn, zum Nutzen der Bürger, zum Ruhme der Stadt und zur Verherrlichung Gottes. Sie fügen zu Ihrem Bürgerkranze die höhere Krone des Christen." Leider konnte Richartz die Vollendung des Museums und auch die Erneuerung der Minoritenkirche nicht mehr erleben. Am 22. April 1861 erlag er im Alter von 66 Jahren einem heftigen Brustleiden.

Kolping – Rektor der Minoritenkirche

Bei der Einweihungsfeier des Wallraf-Richartz-Museums schloß Kardinal von Geissel seine Ansprache mit den Worten: „Das Museum und die Minoritenkirche sind vollendet, und letztere harret nur noch des inneren Ausschmuckes." Dieser Aufgabe nahm sich Adolph Kolping an.

Seit Ende 1849 benutzte der Gesellenverein die Minoritenkirche als Vereinskirche. Jeden Sonntag feierte Kolping mit den Gesellen in ihr die Eucharistie und hielt die Predigt, wenn er in Köln weilte. Daher war es kein Wunder, daß der Kardinal den bisherigen Domvikar Adolph Kolping mit der Ernennungsurkunde vom 2. April 1862 zum Rektor der Minoritenkirche ernannte und das Kölner Domkapitel ihn mit der inneren Instandsetzung betraute. Kolping wandte sich an die Behörden und an seine Kölner Mitbürger, um diese für eine würdige Ausgestaltung der Kirche zu gewinnen. Am 15. November 1862 schrieb er an einen Regierungsbeamten: „Ich habe die Restaurierung der Minoritenkirche nebenbei in die Hand genommen, weil ich es nicht mehr ertragen kann, daß das mir anvertraute Gotteshaus in solcher Verwahrlosung sollte stehenbleiben. Ich muß für sämtliche Kosten aufkommen, da die Kirche kein Vermögen hat."

Mit der Innenausstattung beauftragte Kolping bedeutende Handwerker und Künstler; so den bekannten Maler Eduard Steinle. An ihn schrieb er am 20. Dezember 1863: „Natürlich, ohne viel Mühe und Fleiß habe ich noch nichts fertiggebracht, und so wird auch meine Kirche mich noch manche harte Stunde kosten. Sei's drum."

In einem flammenden Aufruf suchte er daher auch die Bürgerschaft von Köln für die Renovierung der Minoritenkirche zu begeistern: „Der selige Richartz hat, will mich bedünken, uns allen an der Minoritenkirche eine Erbschaft hinterlassen, die wir auch gern und freudig antreten müssen. Es ist nicht genug, daß wir uns des prächtigen Museums erfreuen und das – Gott lob – vollendete Äußere der angeschlossenen Minoritenkirche bewundern. Der Wille des seligen Restaurators dieser Kirche war, es nicht beim Äußeren zu lassen, sondern auch dem schrecklich verwahrlosten Innern sein volles Recht zuzuwenden. Sein allzu früher Tod setzte seinem großar-

tig wohltätigen Wirken ein Ziel. Die Wiederherstellung des Innern der Minoritenkirche ließ er der katholischen Bürgerschaft Kölns als Erbschaft zurück. Wir haben sie angetreten und der Unterzeichner glaubt, nicht säumen zu dürfen, diese Erbschaft auch flüssig zu machen. Gottes Ehre und die Dankbarkeit gegen unseren großen städtischen Wohltäter fordern gleichmäßig dazu auf. Oder sollte die Kölner Bürgerschaft diese Erbschaft von sich weisen wollen? Sicher nicht. Nun, denn helft alle, groß und klein, damit unsere Minoritenkriche auch im Innern würdig ihres Äußern und des nebenanstehenden Museums wiederhergestellt werde.
Köln, den 28. Oktober 1864 Kolping, Rektor"

Kolpings Aufruf blieb nicht unerhört. Von allen Seiten flossen die Spenden so reichlich, daß die Kirche in ihrer alten und schlichten Schönheit wiederhergestellt werden konnte.

Päpstlicher Geheimkämmerer

Wenn Kolping durch seine für die damalige Zeit oft ungewohnte Seelsorgetätigkeit auch bisweilen auf Unverständnis stieß, so fand er doch höchste Anerkennung in Rom. Am 22. April 1862 ernannte ihn Papst Pius IX. zum Päpstlichen Geheimkämmerer. Und als Kolping zusammen mit Weihbischof Dr. Baudri 1862 in Rom weilte und dem Papst sein Werk vorstellte, sprach der Heilige Vater ihm seine Anerkennung und sein Wohlwollen aus. Als Zeichen der Verbundenheit und des Dankes schenkte er Kolping aus seiner Privatkapelle ein mit reicher Goldstickerei versehenes Meßgewand, das heute zum Schatz der Minoritenkirche gehört und bei besonderen Anlässen noch getragen wird.

II
DIE ENTWICKLUNG DES KATHOLISCHEN GESELLENVEREINS SEIT DEM TODE KOLPINGS BIS ZUM ERSTEN WELTKRIEG

Sebastian Georg Schäffer Nachfolger Kolpings

Am 18. Februar 1866 trat der Vorstand des Gesellenhospiziums in Köln zusammen, um den Nachfolger Kolpings zu wählen. Einstimmig wurde der Trierer Religionslehrer Sebastian Georg Schäffer gewählt. Er war der Gründer des Gesellenvereins in Trier und Diözesanpräses der Vereine im Bistum Trier. In einem feierlichen Hochamt in der Minoritenkirche am 9. April 1866 übernahm er als erster Nachfolger Kolpings das Amt des Generalpräses.

Für den Gesellenverein begannen Jahrzehnte gefährlicher Widerstände und Krisen. Die Zeit der Bewährung brach an. Eine erste Gefahr erhob sich mit dem Ausbruch des Bruderkrieges zwischen Preußen und Österreich im Jahr 1866. Wie ein spaltender Keil trieb sich der Krieg in die Einheit der Gesellenvereine, die sich über alle kleinstaatlichen Grenzen hinweg zu einem Verband zusammengeschlossen hatten.

Härter als dieser Bruderkrieg traf der Kulturkampf unter Bismarck den Gesellenverein. Die Arbeit wurde gehemmt oder gar zum Stehen gebracht, weil die einzelnen Gesellenvereine unter Polizeiaufsicht standen; besonders, nachdem man das Attentat des Böttchergesellen Kullmann auf den Reichskanzler Bismarck dem Gesellenverein anhängen wollte.

Zu diesen Bewährungsproben für den Gesellenverein kam die Auseinandersetzung um die Arbeiterfrage und Gewerkschaftsbewegung. Die sozialen Fragen und Probleme traten immer stärker in den Vordergrund und verlangten auch vom Gesellenverein klare Antworten und Hilfen. Das wiederum forderte zum Kampf gegen den Sozialismus heraus.

Der Gesellenverein widerstand allen Anfechtungen und stellte sich den Aufgaben der Zeit. Das zeigt sich in der stetigen Ausbreitung und in den Einrichtungen, die zur Lösung der sozialen Frage im anbrechenden 20. Jahrhundert beigetragen haben.

Vereins- und Mitgliederbewegung

In dem Aufsatz „zur Entwicklung des Verbandes katholischer Gesellenvereine seit dem Tode Kolpings (1865)“[68] gibt Dr. Schwer einen Überblick über die Gesellenvereine jener Zeit. In der Einleitung weist er darauf hin, daß es schwierig sei, eine genaue Analyse zu geben, weil es wohl statistisches Material für einzelne Städte und Landesteile gebe, nicht aber eine Statistik für den Gesamtverband. Die erste korrekte Verbandsstatistik wurde erst im Jahre 1900 aufgestellt, so daß wir von dieser Zeit ab über die äußere Entwicklung der Gesellenvereine durch statistische Erhebungen genau unterrichtet sind.

Aufgrund sorgfältiger Prüfungen der Unterlagen aus den Jahren vor 1900 und mit Hilfe der Statistiken ab 1900 kommt Dr. Schwer hinsichtlich der Entwicklung der Vereine und Mitglieder in Deutschland und in ande-

Jahr	1865		1875		1885		1895		1905		1912	
Vereine u. aktive Mitglieder	V.*	M.**	V.	M.	V.	M.	V.	M.	V.	M.	V.	M.
Preußen u. Reichslande	180	11942	229	14198	296	19240	392	26656	480	34770	566	43761
Bayern	98	4800	119	5930	139	6672	176	8448	214	11600	248	12973
Württemberg	14	796	18	934	23	1370	41	2445	49	3130	53	3227
Baden	29	1740	25	1197	30	1500	52	2551	53	2700	68	3644
Sachsen	3	130	8	400	9	450	11	550	11	730	10	745
Hessen	4	506	6	575	6	408	7	476	9	670	9	638
Deutschland	328	19914	405	23254	503	29650	679	41126	816	53600	954	64988
Österreich	75	3750	83	4150	88	4224	157	7536	174	8000	162	8218
Ungarn	6	400	10	500	19	1330	42	2940	82	6070	80	5200
Schweiz	5	250	17	612	26	1040	29	1050	31	1300	36	2097
Andere Länder	4	286	7	522	10	1800	17	3060	20	3775	27	3518
Gesamtzahl	418	24600	522	29038	646	38044	924	55712	1123	72745	1259	84021

* V = Vereine ** M = Mitglieder

ren Ländern von 1865 bis 1912 zu dem Ergebnis, wie es die Tabelle aufzeigt.

Die Tabelle bietet das Bild einer stetigen Weiterentwicklung ohne erhebliche Schwankungen. Die Entwicklung von 1885 bis 1895 ist besonders positiv, weil in dieser Zeit die Hemmnisse und Fesseln der Kulturkampfgesetzgebung wegfielen, unter denen die Gesellenvereine sehr zu leiden hatten.

Der Gesellenverein als Bildungsgemeinschaft

„Wollt ihr eine bessere Zukunft, so müßt ihr sie erziehen helfen!" Dieses Wort Kolpings steht nicht nur am Anfang des Katholischen Gesellenvereins, sondern bildet auch ein Wesenselement des Kolpingwerkes. Kolping gab der Bildung des Menschen einen entscheidenden Stellenwert. Bildung erschöpfte sich für ihn aber nicht in der Anhäufung von Wissen, sondern bedeutete für ihn Formung des Menschen im religiösen, beruflichen, familiären und gesellschaftlichen Leben. Daher verwendete er gern den Begriff Herzensbildung, um dadurch zu verdeutlichen, daß wahre Bildung gewissermaßen von innen her wachsen muß und nicht allein von außen gegeben werden kann.

Von seinem Bildungsverständnis her konnte Kolping die eigene Bildungsarbeit, insbesondere im Gesellenverein, nicht als einseitiges Geben verstehen, wo es lediglich um Vermittlung bestimmter Inhalte ging. Bildung war von diesem Ansatz her wesentlich abhängig von der Gemeinsamkeit im Ziel, im Handeln und im Erleben. Und gerade das sollte sich im Gesellenhaus vollziehen. Darum maß Kolping den Gesellenhäusern, die er als

„Akademien im Volkston“ verstand, so große Bedeutung zu.

Die Religion war für Kolping das wichtigste im Leben des einzelnen Menschen. Ohne religiöse Verwurzelung war für ihn menschliches Handeln überhaupt nicht denkbar: „Die Religion ist das Fundament im Menschen, ist das Fundament im Hause, im Volke, im Staate, in der ganzen sittlichen Welt.“[69] Daher stellte Kolping an den Anfang aller Bildungsbemühungen auch die religiöse Weiterbildung.

In einer Zeit, in der der Liberalismus seine Blüten trieb, war die religiöse Erwachsenenbildung in den Gesellenhäusern und in den Gesellenvereinen ein nicht zu unterschätzendes stabilisierendes Element für die Kirche. Regelmäßig fanden in den Versammlungen der Gesellenvereine religiöse Vorträge und Bildungsveranstaltungen statt. Die Religionsvorträge in den Gesellenhäusern waren sogar obligatorisch. Das religiöse Leben der Gesellenvereine spiegelte sich darüber hinaus wider in den gemeinschaftlichen Gottesdiensten mit Sakramentenempfang. Es ist nicht zu verkennen, daß viele junge Menschen gerade durch den Gesellenverein für ihr ganzes Leben religiös geprägt wurden.

Über die religiöse Bildung hinaus dienten die Versammlungen aber auch der Allgemeinbildung der Gesellen, wobei zu betonen bleibt, daß Kolping keinen großen Unterschied machte zwischen der religiösen und sonstigen Bildungsarbeit: „Es gibt überhaupt keine absolute Trennung zwischen dem religiösen und dem irdischen sozialen Leben, zwischen Himmel und Erde.“[70] Ihm ging es um die Persönlichkeitsentfaltung des einzelnen. Dem hatte die gesamte Erziehung und Bildung zu dienen. Somit dürfen wir in Kolping den Pädagogen sehen, der sich wie kaum ein anderer vor ihm um die Erwachsenenbildung verdient gemacht hat. Die Gesellenvereine haben vorgelebt und praktiziert, was später durch Volkshochschulen und andere Einrichtungen aufgegriffen wurde. Ohne Übertreibung darf man sagen, daß die Gesellenhäuser und Gesellenvereine vor dem Ersten Weltkrieg zu den ersten und bedeutendsten Einrichtungen der Erwachsenenbildung gehörten.

Zu der religiösen und allgemeinen Bildungsarbeit kam dann noch das spezielle Unterrichtswesen hinzu. Auf diesem Gebiet entfalteten die Gesellenvereine eine äußerst umfangreiche und aktive Tätigkeit. Ziel und Aufgabe dieses speziellen Unterrichts war die berufliche Aus- und Weiterbildung und die Befähigung zur Ablegung der Meisterprüfung. Der Aufbau dieses Unterrichts vollzog sich in drei Stufen:

1. Allgemeiner Unterricht

Lehrfächer: Rechnen, Schreiben, Deutsch, Geschäftskorrespondenz, Buchführung und Wechsellehre, Zeichnen, Kalkulation, Stenographie und fremde Sprachen.

2. Fachunterricht

Er war verbunden mit praktischen Übungen und Fachkursen, die in den gewerblichen Fachabteilungen veranstaltet wurden. Die größeren Vereine hatten hierzu in ihren Häusern eigene Lehrwerkstätten eingerichtet.

3. Vorbereitung auf die Meisterprüfung

Den Abschluß des Unterrichts bildete sodann für die Mitglieder, die an den zwei ersten Kursen teilgenommen hatten, die Vorbereitung auf die Meisterprüfung.

Als weiterer Unterrichtszweig kam zu diesen Kursen später noch besonders die staatsbürgerliche Unterweisung.

Der Unterricht wurde, soweit es sich um Fachkurse handelte, von befähigten Fachleuten erteilt. Eigens von der Verbandsleitung herausgegebenes Unterrichtsmaterial (Lehrbücher, Lehrhefte etc.) gab den Gesellenvereinen ein einheitliches, zielbewußtes Gepräge.

Wenn Kolping sagt: „In der Tüchtigkeit im Berufe liegt ein Hauptgrund der inneren Zufriedenheit, des rechten, zuständigen Selbstbewußtseins, was den Mann ziert, und jener Ehre vor der Welt, die eigentlich niemandem fehlen soll ...“[71], dann wurde durch das Unterrichtswesen in den Gesellenhäusern und Gesellenvereinen dafür eine unersetzliche Voraussetzung geschaffen. Denn unzählige Gesellen haben sich dadurch das Rüstzeug geholt, um später einen eigenen Betrieb aufbauen und eine Familie gründen zu können. Ferner trug diese fachliche Aus- und Weiterbildung auch dazu bei, einen gesunden handwerklichen Mittelstand aufzubauen, der für die Volkswirtschaft von größter Bedeutung ist.

Geselligkeit

Wir würden Kolping nicht gerecht, wenn in diesem Zusammenhang nicht auch ein Wort zu der „Geselligkeit“ im Gesellenverein gesagt würde. Denn neben der Bildungsarbeit legte Kolping großen Wert auf das Erleben der Freude: „Was mir immer nötig ist, das ist die Freude, die rechte Fröhlichkeit, die aus dem frischen, fröhlichen Glauben hervorgeht, daß unser Herrgott im Himmel die Welt regiert, daß diese Welt nicht gerade morgen schon zugrunde geht, und wenn auch einmal Wetterwolken am Himmel hangen, es sogar einschlägt..."[72]

Bildung, Geselligkeit und das Erleben der familienhaften Gemeinschaft waren gewissermaßen die tragenden Säulen in dem Bemühen Kolpings, jungen Menschen dazu zu verhelfen, als tüchtige Christen ihr Leben in Familie, Beruf, Staat, Gesellschaft und Kirche zu gestalten, um damit einen Beitrag zu einer menschenwürdigeren Welt zu leisten.

Es braucht nicht eigens betont werden, daß die Geselligkeit in den Gesellenvereinen besonders gepflegt wurde – und auch heute in den Kolpingsfamilien gepflegt wird. Oft wird sogar der Vorwurf erhoben, daß man im Kolpingwerk zu sehr die Geselligkeit pflege. Mag dieser Vorwurf in dem einen oder anderen Falle zutreffen, so muß dennoch gesagt werden, daß neben dem Bildungsangebot gerade die Geselligkeit, die wir heute dem Freizeitangebot gleichsetzen dürfen, im Kolpingwerk zu allen Zeiten junge und ältere Menschen angezogen hat.

Der Gesellenverein und die soziale Frage

Wenn es um das politische oder sozialpolitische Engagement des Kolpingwerkes geht, dann wirft man Adolph Kolping oft vor, diese Bereiche zu wenig beachtet zu haben. In diesem Zusammenhang wird sofort das „Politikverbot" Kolpings angeführt: *„Der Gesellenverein hat sich weder um die Politik noch um irgendwelche öffentliche Angelegenheiten zu kümmern, und zwar verstehen wir das im strengsten Sinne des Wortes."*[73]

Dieser Ausspruch Kolpings bezieht sich ausschließlich auf politisches Handeln des Gesellenvereins. Denn Kolping wollte sein Werk nicht gefährden. Das bringt er zum Ausdruck, wenn er im Jahre 1854 über die Wirren der Jahre 1848 schreibt, daß diese spurlos über den Gesellenverein hinweggegangen seien: „Die Mitglieder hatten Besseres zu bedenken und zu tun, als sich zu Claqueurs politischer Schreier herzugeben."[74]

In demselben Aufsatz führt er weiter aus: „Auf unser tätiges Christentum kommt's an, ob die Welt zu christlicher Ordnung und die Stände in ihr zu christlichem Wohlbestande zurückkehren. Nur dürfen wir dieses tätige Christentum nicht zwischen Kirchenmauern und Krankenstuben allein oder in unseren nächsten häuslichen Kreis einschließen wollen, sondern wir müssen es frisch und wohlgemut ins bürgerliche Leben hinaustragen und mit demselben alles zu durchdringen suchen, was nicht bereits in rettungslose Fäulnis übergegangen oder zu kaltem Stein verhärtet ist."[75]

Aus diesen beiden Aussagen wird deutlich, daß Kolping kein Sakristei-Christentum wollte und dies auch nicht vom Gesellenverein verlangte. Ihm ging es zunächst um die religiös-sittliche Erneuerung der Gesellschaft. Dazu sollte der einzelne durch Selbsthilfe beitragen. Und diese Selbsthilfe der Betroffenen sollte wiederum durch subsidiäre sozialpolitische Maßnahmen unterstützt werden.

Spätestens im Jahre 1865 hat Kolping die Bedeutung und Notwendigkeit der Sozialpolitik betont, wenn er in bezug auf die Arbeiterfrage schreibt: „Nur das wollen wir für heute nur noch feststellen: keine einzige Partei – oder wenn das noch zu stark sein sollte, – keine einzige *Frage* im politischen *Leben* wird heutzutage daheim und draußen mit solcher zarten, fast ängstlichen Rücksicht in die Hand genommen und behandelt, als die Arbeiterfrage. Beweis genug, wie wichtig, wie tiefeinschneidend, wenn nicht in der Politik entscheidend, sie sein muß. Deshalb wollen wir auch fürder ihr die nötige Aufmerksamkeit schenken."[76] Dazu forderte Kolping auch die Hilfe und Unterstützung der staatlichen Gesetzgebung: *„Derartige Fragen werden nicht in Gnade und Barmherzigkeit, sondern in Gerechtigkeit gelöst. Das soziale Leben in allen seinen Verzweigungen ruht auf dem richtigen Recht und soll in den entsprechenden Gesetzen seinen wahren Schutz und seine Wehr finden."*[77]

Leider ist dieses sozialpolitische Bemühen Kolpings und des Gesellenvereins in seiner Nachfolge zu wenig bekannt. Denn die Sozialpolitik hatte im Gesellenverein, trotz mancher aus der Zeit heraus zu erklärenden Widerstände, nach dem Tode Kolpings ihren Platz, weil Kolping sie gewollt und vorgelebt hat. Wie anders wäre sein Aufruf zu verstehen: „Die Kirche kann und darf sich von der sozialen Frage nicht zurückziehen, sie darf das bürgerliche Leben ihren geborenen oder geschworenen Feinden nicht allein überlassen, sie *muß* ins Leben hineintreten und den Kampf mit ihren Widersachern nicht scheuen"[78]

Eine positive und sicher objektive Wertung der Sozialpolitik Kolpings und des Katholischen Gesellenvereins gibt Karl Zimmermann in seinem Aufsatz „Kolpings originale Stellung in der katholischen Sozialphilosophie und Sozialpolitik des 19. Jahrhundert". Dort heißt es unter anderem: „Bei Adolph Kolping jedoch tritt der Gedanke, daß die sozialen Probleme zu allererst durch Beeinflussung des Gewissens und der Gesinnung der einzelnen Menschen, das heißt durch *Erziehung* gelöst werden müssen, so sehr in den Vordergrund seiner sozialreformerischen Maßnahmen, daß er für ihn die Erziehung zum alleinigen Mittel der Sozialpolitik überhaupt wurde."[79] Abschließend formuliert er nochmals sehr klar das Bemühen Kolpings und des Gesellenvereins auf dem Gebiet der Sozialpolitik, wenn er sagt: „Das ist das Eigene und Ursprüngliche, was Adolph Kolping sozialpolitisch geleistet hat, daß er einen Verein gründete, dem zwar eine neue wirtschaftliche und soziale Organisation in Form von Berufsständen und Korporationen als ideales Zukunftsziel erstrebenswert erscheint, der aber nicht unmittelbar und direkt mittels sozialpolitischer und wirtschaftspolitischer Maßnahmen an der Erreichung des Zieles beteiligt sein will. Und dieser Gedanke der *vorbereitenden Erziehung* ist auch das, was den Mann Adolph Kolping und sein Werk heute noch beachtlich und bedeutsam macht."[80]

Diese Würdigung Kolpings und des Gesellenvereins in bezug auf den Beitrag zur Lösung der sozialen Fragen und Probleme widerspricht allen, die Kolping und seinem Werk zu wenig sozialpolitisches Engagement unterstellen.

Krankenkassen

Das sozialpolitische Engagement des Kolpingwerkes zeigt sich besonders darin, daß es sich seit seinen Anfängen nicht nur auf die Vereinsaktivitäten im engeren Sinn beschränkt hat, sondern darüber hinaus durch Selbsthilfeeinrichtungen wie Sparkassen, Vorschußkassen, Krankenkassen und andere Einrichtungen Mitgliedern wie Nichtmitgliedern echte Hilfen und Dienste angeboten hat. Am Beispiel der Krankenkassen soll dies einmal aufgezeigt werden.

Die am 27. März 1850 beschlossenen Statuten des Katholischen Gesellenvereins zu Köln enthalten in ihrem

Anhang auch ein Statut der Krankenunterstützungskasse des Kölner Gesellenvereins. Darin heißt es unter § 1: „Jedes Mitglied des Kölner Gesellenvereins ist verpflichtet, der mit dem Vereine verbundenen Krankenkasse beizutreten", und in § 7 heißt es weiter: „Jedes Mitglied, welches volle 6 Monate, vom Tage der Aufnahme an gerechnet, dem Vereine angehört, hat im Erkrankungsfall Anspruch auf Unterstützung." In den folgenden Paragraphen wird beschrieben, unter welchen Voraussetzungen der Kranke eine Unterstützung erhält und wie er seine Ansprüche geltend machen muß.

Vom Verein selbst wurden Krankenpfleger gewählt. Über ihre Aufgabe heißt es in § 22: „Die Krankenpfleger sind verpflichtet, den ihnen gemeldeten Kranken binnen 24 Stunden nach der Meldung aufzusuchen, sich über die Krankheit und den Grad derselben möglichst genau zu unterrichten, nötigenfalls den betreffenden Arzt zu Rate zu ziehen, wie überhaupt mit der Sorge um den Kranken auch dessen Überwachung wahrzunehmen."

Da die Krankenunterstützungskasse von den eigenen Vorstandsmitgliedern ehrenamtlich geführt wurde, konnte sie ohne großen Verwaltungsaufwand den angeschlossenen Mitgliedern im Krankheitsfall eine gesicherte Unterstützung gewähren[81].

Dieses Beispiel der Krankenunterstützungskasse des Kölner Gesellenvereins blieb nicht ohne Wirkung auf die anderen Gesellenvereine. So war die Krankenunterstützungskasse auch ein Beratungsgegenstand auf der IV. Generalversammlung des Katholischen Gesellenvereins am 8. Oktober 1854 in Köln, wo beschlossen wurde, daß die bestehenden Gesellenvereine nur die Pflege derjenigen wandernden Mitglieder im Erkrankungsfall als Pflicht übernehmen, welche 6 Monate dem Verein angehören[82].

Ein wesentlicher Anstoß zur Gründung von Krankenkassen in den Gesellenvereinen ging von der Generalversammlung der Präsides am 22. Januar 1870 in Köln aus. Die Präsides verabschiedeten im Rahmen der Beratungen über die Stellung des Gesellenvereins zur sozialen Bewegung folgende Resolution:

„Die Generalversammlung empfiehlt dringend die Gründung von Kranken- und Altersversorgungskassen arbeitsunfähig gewordener Gesellen; überhaupt bittet sie, der materiellen Lage der Vereinsmitglieder die größte Sorgfalt zuzuwenden durch Zuhilfenahme der im Assoziationswesen als erprobt anerkannten Mittel.“[83]

Dieser Anstoß blieb nicht ohne Erfolg. In verschiedenen Gesellenvereinen wurden im Anschluß daran Krankenkassen eingerichtet.

Zur weiteren Entwicklung der Krankenkassen innerhalb des Katholischen Gesellenvereins trug auch das am 15. Juni 1883 verabschiedete Krankenversicherungsgesetz bei. Dieses Gesetz schrieb erstmals eine Krankenversicherungspflicht für alle Personen vor, die gegen Gehalt oder Lohn in Fabriken, im Handwerk und in solchen Betrieben tätig waren, in denen Dampfkessel zum Einsatz kamen. Es hatte zur Folge, daß auch die Mitglieder der Gesellenvereine in Deutschland damit versicherungspflichtig wurden. Die Gesellenvereine standen somit vor der Frage, ihren Mitgliedern zu empfehlen, sich der obrigkeitlich organisierten Zwangskassen, wie Gemeindeversicherung und Ortskrankenkassen sowie den Fabrikkrankenkassen oder den gesetzlich ebenfalls vorgesehenen Innungskrankenkassen und freien Hilfskassen anzuschließen. Da Fabrikkrankenkassen nur in Betrieben mit mindestens 50 Beschäftigten eingerichtet werden durften und die Innungskassen nur an wenigen Orten bestanden, blieb für die Mitglieder der Gesellenvereine eigentlich nur die Wahl zwischen den Ortskrankenkassen und den freien Hilfskassen[84]. Freie Hilfskassen im Sinne des Krankenversicherungsgesetzes von 1883 waren auch die Krankenkassen innerhalb der Gesellenvereine.

Auf der Generalversammlung der Präsides 1884 wurde die Frage der Krankenkassen noch einmal sehr ausführlich beraten und folgende Beschlüsse gefaßt:

„1. Die sämtlichen Präsides der katholischen Gesellenvereine im Deutschen Reiche sollen womöglich noch vor Ablauf dieses Jahres darauf denken, für ihren Verein eine Krankenkasse auf Grund des Reichsgesetzes zu bilden.

2. Die Diözesanpräsides sollen in möglichst kurzer Frist die Präsides ihres Bezirks um sich versammeln, um über den Anschluß der kleineren Vereine an einen oder mehrere größere bezüglich der Errichtung von Krankenkassen zu beraten.

3. Die Präsides in den außerdeutschen Ländern sollen nach ihren Verhältnissen in ihren Vereinen ebensolche Kassen gründen.“[85]

Dieser Beschluß führte zwar zur Gründung weiterer Krankenkassen in verschiedenen Gesellenvereinen, aber es gelang in den kommenden Jahren noch nicht, eine Zentralkasse zu gründen, worauf der Präses des Kölner Gesellenvereins, Philipp Schlick, in seinem Aufsatz „Des Gesellenvereins Sorgen und Aufgaben“ im Jahr 1892 hinwies. Darin heißt es: „Für unsere Hilfskassen erlöschen alle Rechte der Mitglieder in dem Augenblick, wo dieselben den Sitz der Kasse verlassen. Findet der Wanderbursch nicht gleich Arbeit und wird er krank, so hat weder die Ortskrankenkasse noch die Hilfskasse des Gesellenvereins Erbarmen mit ihm ... Er verfällt rettungslos der Ortsarmenverwaltung.“[86]

Das Anliegen von Präses Schlick konnte nach langwierigen Vorarbeiten verwirklicht werden. Am 10. September 1909 wurde im Gesellenhospitium in Köln die Zentralkrankenkasse gegründet. Sie trug den Namen „St.-Joseph-Krankenunterstützungskasse katholischer Gesellenvereine“[87]. Sie nahm eine erfreuliche Entwicklung, bis sie 1937 wegen der politischen Verhältnisse in eine Privatversicherung überführt werden mußte.

Der Gedanke einer eigenen Krankenkasse innerhalb des Kolpingwerkes wurde nach dem Zweiten Weltkrieg nicht mehr aufgegriffen. Lediglich der Schweizer Zentralverband unterhält heute noch eine eigene „Kolping-Kranken-Kasse“, die auf Bundesebene offiziell anerkannt ist und daher auch das Recht auf staatliche Subventionen hat. Sie zählte Anfang 1981 etwa 13000 Mitglieder. Damit gehört sie zwar zu den kleineren Krankenkassen in der Schweiz, dennoch ist sie wegen ihrer Leistungsfähigkeit geschätzt.

Die Fachabteilungen

Als nach dem Kulturkampf die soziale Frage in den Vordergrund trat und neben der staatlichen Sozialpolitik die Selbsthilfebewegung der Arbeiterschaft, nämlich die Gewerkschaftsbewegung, entstand, da geriet auch der Gesellenverein in die Auseinandersetzung um die Gewerkschaften, die in den „Fachvereinen“ entstanden. Die „Fachvereine“ wurden wegen ihrer Nähe zu den Sozialdemokraten schon 1891 von seiten des Gesellenvereins mit großer Zurückhaltung bewertet: „... daneben bildet die äußerliche Firma: ‚Fachverein‘ das Aushängeschild, als ob hier lediglich die fachwissenschaftliche

Fortbildung der Mitglieder betrieben würde. Dies ist aber entweder gar nicht oder nur in ganz beschränktem Sinne der Fall, nur um sich nach außen und besonders den Behörden gegenüber legitimieren zu können. Die Haupttätigkeit des Fachvereins besteht in derjenigen, worüber das Statut nichts sagt und von der nicht gesprochen wird und werden darf. Der Fachverein ist die Stamm-Kompanie der sozialdemokratischen Partei, durch ihn werden die Rekruten geworben und regelrecht gedrillt."[88]

Stand der Gesellenverein den Gewerkschaften in der Form der „Fachvereine" auch ablehnend gegenüber, so wurde diese Frage dennoch heftig diskutiert. Das zeigt ebenfalls ein Bericht aus dem Jahr 1891: „Leider ist das Spiegelbild des katholischen Gesellenvereins kein ganz ungetrübtes mehr. Es ist eine wahre Tatsache, mit welcher zu rechnen ist, daß es Mitglieder gibt, die auch Mitglieder des Fachvereins sind; ebenso wahr, daß die Fachvereine ihre Agitatoren und Spione im Gesellenverein haben. Es ist dies nicht nur hier so, sondern kann auch in anderen Städten leicht und genau festgestellt werden. Ein Teil derselben will nur die Wohltaten des Gesellenvereins genießen und ist darum in erster Reihe Mitglied, die andern aus Furcht vor Agitatoren, die in allen Werkstätten sitzen und stärksten Druck ausüben. Es fehlt also hier an Entschiedenheit der Gesinnung. Daß es katholische Gesellen gibt, die leider offen für die Sozial-Demokratie agitieren, ist eine bekannte Tatsache; sie werden besonders gehätschelt in den Fachvereinen. Es müssen Bürgschaften gesucht werden, diesen Prozeß zu unterbrechen, die bestehenden sind unzureichend."[89]

Die Antwort auf diese Auseinandersetzungen waren die „Fachabteilungen" innerhalb des Gesellenvereins. Im Jahre 1891 gründete der Präses des Kölner Gesellenvereins, Philipp Apollinaris Schlick, die erste Fachabteilung, die „St. Antonius Bäckerfachabteilung Köln". Im Jahr darauf fanden weitere Gründungen von Fachabteilungen statt. Die Präsideskonferenz der Erzdiözese Köln genehmigte am 18. Mai 1893 die von Präses Schlick aufgestellten 21 Thesen. In diesen „Kölner Thesen" wurde die Notwendigkeit ausgesprochen, daß durch den Gesellenverein dem Handwerk auch wirtschaftlich geholfen werden sollte. Das sollte durch die Fachabteilungen geschehen, die neben der fachlichen Weiterbildung auch gewerkschaftliche Aufgaben erfüllen sollten.

Allerdings gab man den Fachabteilungen des Gesellenvereins bald aber eine andere Zielsetzung. An die Stelle der wirtschaftlichen Interessenvertretung rückte die berufliche Ertüchtigung. Denn in den „Anmerkungen zu der Würzburger Generalversammlung vom 21.–23. August 1895" heißt es: „Der beste und sicherste Weg zur Erreichung einer gesunden, erfolgreichen gewerkschaftlichen Organisation unserer Arbeiter – sei es selbständig, sei es im Rahmen der bestehenden Organisationen – ist die Bildung von Fachabteilungen in den bestehenden katholischen Arbeitervereinen.
Die Ziele dieser Fachabteilungen sind:

1. Förderung der Fachbildung

a) durch Unterricht, Vorträge, Ausstellungen (Modelle) etc.;
b) durch Beschaffung einer Fachbibliothek (Bücher, Fachzeitschriften etc.);
c) durch Besprechungen, Vermittlung von entsprechenden Arbeitsstellen etc.

2. Gründliche Unterweisung bezüglich der bestehenden sozialen Gesetze und Veranstaltungen; praktische Anleitung zu zweckmäßiger Mitwirkung bei Ausführung resp. Verwaltung derselben.

3. Besprechungen und Erhebungen bezüglich der bestehenden Arbeiterverhältnisse, Klarlegung der Mißstände und der Wege der Abhilfe, Mitteilung und Anregung entsprechender Verbesserungen und Einrichtungen bei den berufenen Instanzen."[90]

Mit der Einrichtung von Fachabteilungen waren viele Schwierigkeiten innerhalb des Gesellenvereins zwar gelöst, aber die „Gewerkschaftsfrage" war damit nicht ausdiskutiert. Das zeigte sich besonders in der um die Jahrhundertwende anbrechenden Auseinandersetzung um die „christlichen Gewerkschaften". Während sich Generalpräses Schäffer zurückhaltend und abwartend in diesem „Gewerkschaftsstreit" verhielt, lehnte sein Nachfolger Schweitzer die Doppelmitgliedschaft der Gesellen ab: „Mag die Theorie sagen, was sie will, die Erfahrung hat in mehr als einem Falle gezeigt, daß es ein Ding physischer und moralischer Unmöglichkeit ist, junge Handwerker zu gleicher Zeit für die Gewerkschaftsbewegung und die Handwerksorganisation zu interessieren, und an dieser unliebsamen Tatsache wird sich unseres Erachtens auch vor der Hand nichts ändern lassen."[91]

Je mehr sich die Fachabteilungen den berufserzieherischen Aufgaben widmeten, um so ruhiger wurde die Auseinandersetzung innerhalb der Gesellenvereine in bezug auf die Gewerkschaftsfrage. Die Fachabteilungen wurden Pflegestätten beruflicher Tüchtigkeit. Sie trugen wesentlich zum Wiederaufstieg des Handwerks bei.

Es darf in diesem Zusammenhang nicht verschwiegen werden, daß Präses Schlick auch die Interessen des Meisterstandes in jeder Hinsicht zu fördern suchte. Eine Reihe von Genossenschaften wurden von ihm gegründet, so eine Spar- und Darlehenskasse für das Handwerk, eine Schuhmacher-Einkaufsgenossenschaft und eine Wohnungsbaugenossenschaft.

Arbeitsnachweis

Die ersten uns bekannten Arbeitsnachweise waren die von den Zünften eingerichteten Herbergen für wandernde Gesellen. Der zugewanderte Geselle bekam hier von den am Orte ansässigen Meistern Arbeit zugewiesen.

Im Zuge der Gewerbefreiheit wurde der Grundsatz der Freiheit auch auf die Arbeitsvermittlung ausgedehnt. Jeder Arbeitgeber und Arbeitnehmer sollte, unbeeinflußt von staatlicher oder berufsständischer Seite, seinen Arbeitnehmer bzw. Arbeitgeber selbst wählen können. Die sogenannte Umschau, d.h. das Herumlaufen von einer Werkstatt zur anderen, von dieser Fabrik zur nächsten, war für den damaligen Arbeitnehmer die einzig mögliche Form der Arbeitssuche. Der Arbeitgeber bediente sich mehr und mehr der entstehenden Presse, um zu Arbeitskräften zu kommen.

Daraus bildete sich allmählich die neue Form des Arbeitsnachweises: die gewerbsmäßige Stellenvermittlung. Privatpersonen richteten Büros ein, denen Arbeitgeber ihre offenen Stellen meldeten und bei denen Arbeitnehmer um Arbeit nachfragen konnten. Gegen Entgelt bekamen dann beide die Arbeitsstelle bzw. die Arbeitskräfte zugewiesen.

Da das vielfach zu Mißbräuchen führte, richteten öffentliche und private Organisationen eigene Arbeitsvermittlungen ein, die diese Aufgabe unentgeltlich durchführten. Die Initiative dazu ging vor allen Dingen von drei Stellen aus:

1. Von den sozialpolitischen und religiösen Vereinen,
2. von den Gemeinden,
3. von den Organisationen der Arbeitgeber und Arbeitnehmer[92].

Die sozialpolitischen Vereine gingen zuerst dazu über, Arbeitsnachweise einzurichten. Unter ihnen war der Katholische Gesellenverein einer der ersten, der sich um die Arbeitsvermittlung bekümmerte. „Die Gesellenhäuser waren in erster Linie für durchreisende Gesellen eingerichtet worden. Ganz von selbst ergab sich daraus auch die weitere sozialpolitische Aufgabe, den Zugereisten geeignete Arbeit zu vermitteln.“[93]

Bei allen Erfolgen, die der Gesellenverein im Bereich der Arbeitsvermittlung hatte, zeigte sich doch bald, daß mit dieser nicht zentralisierten und sehr pragmatischen Form der Arbeitsvermittlung nur ein begrenzter Erfolg erreicht werden konnte. Deshalb forderte Präses Philipp Schlick, von dem viele soziale Entwicklungen des Gesellenvereins ausgingen, in seinem Aufsatz „Des Gesellenvereins Sorgen und Aufgaben“[94] einen geregelten und planmäßigen Arbeitsnachweis. Er begründete die Notwendigkeit eines zentralen Arbeitsnachweises zuerst auf dem Hintergrund einer qualifizierten beruflichen Bildung: „Das Handwerk gehört gewiß vorab in die Werkstätte. Da soll und kann es gelernt und geübt werden. Nun aber sind in den großen Städten die besten Werkstätten vielfach von sozialistischen Genossen besetzt. Unsere Mitglieder arbeiten zum großen Teil bei Flickmeistern und Stümpern. Sie lernen daher nichts Rechtes. Unsere Sorge muß also sein, sie in tüchtige Werkstätten zu bringen. Das ist gewiß jetzt schwer, aber nicht aussichtslos. *Wir bedürfen eines geregelten planmäßigen Arbeitsnachweises.*“ Zum anderen führte er als Begründung für einen zentralen Arbeitsnachweis das Bemühen an, das planlose Wandern der Gesellen zu steuern: „Der Arbeitsnachweis müßte dann so ausgebaut werden, daß viele in den Stand gesetzt würden, die Lage des Arbeitsmarktes im großen Bereich des Verbandes zu übernehmen. Nur so wäre es möglich, das jetzt übliche planlose Reisen der Mitglieder zu steuern."

Die Anregungen Schlicks wurden aber frühestens im Jahre 1897 aufgegriffen. Denn das Kölner Präsides-konveniat beschloß zu Beginn des Jahres 1898, einen praktischen Versuch mit einem zentralen Arbeitsnachweis für die Erzdiözese Köln zu unternehmen. Der Erfolg war gering. Der Grund dafür ist darin zu sehen, daß zu wenige Gesellen für die offenen Stellen vorhanden waren und zum anderen die Gesellen einem zentralen Arbeitsnachweis skeptisch gegenüberstanden. Sie befürchteten eine zwangsweise Verschiebung und damit einen Eingriff in ihre persönliche Freiheit[95].

Wegen des geringen Erfolges wurde der Gedanke eines zentralen Arbeitsnachweises für alle Gesellenvereine nicht zielstrebig weitergeführt. Erst mit Zunahme der Arbeitslosigkeit zu Beginn des 20. Jahrhunderts wurde die Frage wieder aktuell. Daher wurde auf der Generalversammlung in Mainz im Jahre 1902 das Thema „Arbeitsnachweis" erneut behandelt und folgender Beschluß gefaßt:

1. Die Generalversammlung erkennt die Notwendigkeit eines interlokalen Arbeitsnachweises an und empfiehlt deren Einrichtungen den größeren Vereinen.

2. An den Orten, wo ein städtischer Arbeitsnachweisverband besteht, schließen sich die Gesellenvereine demselben an.

3. Die Generalversammlung beauftragt alle Diözesankonferenzen, sich mit der Frage eines interlokalen Arbeitsnachweises zu befassen.

4. Benachbarte Vereine sollen sich behufs Auffindung von Arbeitgebern miteinander in Verbindung setzen[96].

Dieser Beschluß führte besonders im Ruhrgebiet zu

einem erfolgreichen Aufbau eines gemeinsamen Arbeitsnachweises.

Die Zeichen für eine zunehmende Wirtschaftskrise veranlaßten die katholischen Gesellenvereine im Jahr 1908 zu einem erneuten Vorstoß im Bereich des Arbeitsnachweises. So kann man im Kolpingblatt dieses Jahres lesen: „Gegenüber diesen Anzeichen kommender Arbeitslosigkeit müssen wir auch im Gesellenverein bestrebt sein, vorhandene *offene* Stellen möglichst schnell zu besetzen und arbeitslosen Gesellen möglichst schnell Arbeit zu verschaffen. Am besten geschieht das durch einen *geregelten Arbeitsnachweis.*“[97] In diesem Aufruf geht es aber nicht nur darum, einen arbeitslosen Gesellen in eine offene Stelle zu vermitteln, sondern auch um die Frage der beruflichen Weiterbildung und der sittlichen Entwicklung der Gesellen: „Es ist durchaus nicht gleichgültig für die *fachliche* Ausbildung der Gesellen, in welche Werkstatt er hineinkommt und erst recht nicht im Hinblick auf dessen *sittliche* Entwicklung.“[98] Dieser erneute Aufruf führte zu dem Erfolg, daß dem Kolpingblatt eine „Beilage für den Arbeitsmarkt“ beigefügt wurde, die wöchentlich erschien, um die örtlichen Arbeitsnachweise zu unterstützen und eine schnellere Arbeitsvermittlung zu erreichen.

Um eine einheitliche Organisation herbeizuführen und einen Ausgleich zwischen verschiedenen Arbeitsnachweisen zu fördern, wurde am 6. August 1914 die „Reichszentrale für Arbeitsnachweise“ errichtet. Da sie diese Aufgabe aber nicht erfüllen konnte, nahm die Militärbehörde während des Ersten Weltkrieges sich dieser Aufgabe an, die nach dem Zusammenbruch im Jahre 1918 dem „Demobilmachungsamt“ übertragen wurde.

Tendenzen einer Monopolisierung der öffentlichen Arbeitsnachweise wurden durch das neue „Gesetz für

Arbeitsvermittlung und Arbeitslosenversicherung" vom 1. Oktober 1927" vereitelt. Danach konnten auch die „nichterwerbsmäßigen Arbeitsnachweise" bestehenbleiben. Durch dieses Gesetz ermutigt, richtete der katholische Gesellenverein im Jahre 1927 im Generalsekretariat in Köln einen zentralen Arbeitsnachweis ein, der mit größerem Erfolg arbeitete als die öffentlichen Einrichtungen.[99] Durch das Naziregime wurde dieser segensreichen Arbeit ein Ende gesetzt.

Sparkassen

Papst Leo XIII. schreibt in seiner Enzyklika „Rerum novarum": „Bezieht der Arbeiter einen Lohn, der so weit bemessen ist, daß er damit sich selbst, seine Frau und seine Kinder anständig erhalten kann, so wird er, falls er klug ist, gern auf Sparsamkeit bedacht sein. Schon die bloße Vernunft scheint ihn dazu anzuhalten, seine Ausgaben einzuschränken, so daß er einen kleinen Überschuß buchen kann, womit der Grund gelegt ist zu einem bescheidenen Vermögen."[100]

Das hatte Adolph Kolping schon zu seiner Zeit von den Gesellen gefordert: „Der Gesellenverein hat die Aufgabe, seine Mitglieder zu allen christlichen und bürgerlichen *Tugenden* anzuhalten. Aus dem Gesellen soll ein Meister hervorgehen, aus dem ledigen, jungen Manne ein tüchtiger Familienvater... Unter diesen christlich-bürgerlichen Tugenden ist die verständige Wirtschaftslehre, praktisch die vernünftige Sparsamkeit sicher nicht die geringste. Es ist nicht genug, das Geschick besitzen und ausüben, ein ordentliches Stück Brot zu verdienen, es gilt fast ebenso viel, das mühsam

Erworbene verständig zu verwalten. Das muß bereits der Geselle lernen. Also muß er *sparen* lernen."[101]

Kolping ging es aber nicht nur um die Tugend der Sparsamkeit. Er verfolgte damit auch das Ziel, den Gesellen die Möglichkeit zum Aufbau einer eigenen Existenz und zur Gründung einer Familie zu geben. Darum beließ er es nicht bei dem Hinweis auf das Sparen, sondern schaffte dafür auch die Voraussetzungen: „Also, die Mitglieder des Gesellenvereins sollen zum Sparen angeleitet und muß ihnen die desfallsige Pflicht oft eindringlich ans Herz gelegt werden. Nun aber fragt es sich, wo bleibt der sparende Geselle mit seinem erübrigten Gelde? Es bei sich behalten, daheim aufheben, ist zu gefährlich ... Es in die öffentliche Sparkasse tragen ist ihm meist nicht der Mühe wert oder auch zu umständlich. Viel kleines Geld geht nutzlos verloren, weil es nicht bei Zeiten anderwärts in Sicherheit gebracht wurde. Aus diesen und vielen anderen Gründen empfehlen sich die besonderen *Vereinssparkassen* ganz besonders. Wir haben vielfach fast großartige Erfolge erlebt und wünschen lebhaft, daß man auch anderwärts von unseren Erfahrungen gewinne." [102]

Die guten Erfahrungen des Kölner Gesellenvereins mit einer Vereinssparkasse führten dazu, daß bald auch in anderen Gesellenvereinen diese Idee aufgegriffen wurde. Die folgende Tabelle, aus dem Jahre 1908 zeigt, welche Bedeutung diese Vereinssparkassen zur damaligen Zeit erlangt hatten[103]:

Die Gesellenvereinssparkassen entwickelten sich seit der Gründung der ersten Sparkasse 1853 im Gesellenverein Köln kontinuierlich weiter. Sie erreichten ihren Höhepunkt Ende der zwanziger Jahre. Diese segensreiche Einrichtung, die nicht nur dem einzelnen Gesellen diente, sondern auch zur wirtschaftlichen Stärkung der

Länder	Sparkassen			Krankenkassen		Zentral-Sterbekasse	
		Jahres-einlage	Gesamt-bestand				
	Zahl	Mark	Mark	Zahlst.	Mitgl.	Zahlst.	Mitgl.
Preußen	296	1 292 540	3 881 090	101	8 728	105	2 953
Bayern	141	242 120	745 490	25	1 425	8	180
Sachsen	6	17 940	45 850	3	256	4	65
Hessen	8	26 140	71 640	3	210	3	76
Baden	49	119 400	312 630	7	415	2	29
Württemberg	39	54 630	159 320	5	509	1	16
Deutsches Reich	539	1 752 770	5 216 010	144	11 543	123	3 319
Österreich	67	70 990	176 900	38	2 968	—	—
Ungarn	6	1 860	1 500	—	—	—	—
Schweiz	29	83 120	295 280	22	575	—	—
Ausland	9	139 090	403 750	7	1 202	—	—
Zusammen	650	2 097 830	6 093 440	211	16 288	123	3 319

Bevölkerung beitrug, wurde leider durch das nationalsozialistische Regime aufgelöst.

Kreditgenossenschaften

Die Gesellenvereine beließen es aber nicht bei den Sparkassen, sondern richteten auch Bürgschafts- bzw. Kreditgenossenschaften ein. Schon in einem Bericht aus dem Jahre 1863 über den Berliner Gesellenverein wird erwähnt, daß der dem Gesellenverein nahestehende Meisterverein eine Vorschußkasse eingerichtet habe, aus der die beteiligten Handwerksmeister zinsfreie Darlehen erhielten.

Dieses Berliner Beispiel fand bald Nachahmer. So wird in den „Mitteilungen für Präsides“ aus dem Jahr 1867 von dem Meisterverein der Ehrenmitglieder des katholischen Gesellenvereins in Wien berichtet, daß auch dort eine Solidargesellschaft eingerichtet worden war mit dem Ziel, der „wechselseitigen solidarischen Bürgschaftsleistung zur Verabfolgung von kleineren verzinslichen Darlehen und zur Begründung eines selbständigen Gesellschaftskapitals …“[104]

Anregungen zur Weiterentwicklung dieser Kreditgenossenschaften, aber auch von Einkaufsgenossenschaften, sind in einem Referat von Präses Schlick enthalten, das er im Jahr 1895 hielt. Darin heißt es: „Er (der Gesellenverein) kann nicht bloß das junge Handwerk … schulen und ermutigen, er kann und muß sich auch in dieser äußersten Not, in der das Handwerk sich befindet, seiner früheren Mitglieder, der nunmehrigen *Meister* sowie seiner dem *Handwerkerstande* angehörenden zahlreichen *Ehrenmitglieder* annehmen, um denselben in ihrer schwierigen Lage Hilfe und Erleichterung zu verschaffen, wo immer es angeht. Am wirksamsten geschieht dies durch Begründung von Genossenschaften, insbesondere *Kredit- und Rohstoffgenossenschaften.*“[105]

In der Generalversammlung aller Gesellenvereine im Jahr 1895 wurde auf Antrag von Präses Schlick der Beschluß gefaßt: „Die Generalversammlung beschließt, die Bildung von Erwerbs- und Wirtschaftsgenossenschaften, insbesondere Kredit- und Rohstoffgenossenschaften, anzuregen und tatkräftig zu fördern.“[106]

Diese Kredit- und Einkaufsgenossenschaften erlangten durch die Fachabteilungen innerhalb der Gesellenvereine eine große Bedeutung. Während diese Einrichtungen in Deutschland durch den Nationalsozialismus zerstört wurden, existiert noch heute im Kolpingwerk Schweizer Zentralverband eine „Bürgschaftsgenossenschaft Kolping“ mit dem Zweck, den Mitgliedern wirtschaftlich zu helfen.

Blütezeit und Weltkrieg

Der Gesellenverein verdankt seine positive Entwicklung nach dem Tode Adolph Kolpings in erster Linie Generalpräses Msgr. Sebastian Georg Schäffer. 35 Jahre hatte er den Gesellenverein durch alle Gefahren der Zeit hindurchgesteuert. Seiner klugen und abwägenden Führung ist es zu verdanken, daß das Werk Kolpings die Schwierigkeiten des Bruderkrieges von 1866 zwischen Preußen und Österreich, des Deutsch-Französischen Krieges, des Kulturkampfes und der Auseinandersetzung mit dem Sozialismus überstand. Schäffer erlebte um die Jahrhundertwende noch den Beginn einer neuen Blütezeit des Gesellenvereins. Das war für ihn ein krönender Abschluß seiner Lebensaufgabe. Denn am 16. November 1901 wurde er von Gott heimgerufen.

Am Jahrestag des Todes von Adolph Kolping, am 4. Dezember 1901, wählte der Vorstand des Kölner Gesellenhospitiums den bisherigen Vizepräses des Gesellenvereins in Köln, Franz Hubert Schweitzer, zum Nachfolger Schäffers. Er verstand es durch seine geschickte Art, den Gesellenverein innerlich zu festigen und weiter auszubauen. Dazu trug das „Kolpingblatt" bei, das am 1. Januar 1901 zum erstenmal erschien. Schweitzer schuf den Generalrat, der dem Generalpräses zur Seite stehen sollte. In Köln wurde das Generalsekretariat eingerichtet, und hauptamtliche Mitarbeiter wurden angestellt. Führerschulungen fanden fortan regelmäßig statt. Wenn sich starke Kräfte im Gesellenverein zunächst auch gegen diese straffe Durchorganisation wehrten, so hat sie doch wesentlich dazu beigetragen, daß der Gesellenverein von nun an auch mehr in die Öffentlichkeit hineinwirkte. Man besann sich wieder auf Adolph Kolping und sein Programm. Ein sichtbares Zeichen dafür ist unter anderem das Kolpingdenkmal vor der Minoritenkirche, das durch Spenden der Mitglieder errichtet und am 12. Juli 1903 enthüllt wurde.

Diese erfolgreiche Aufbauphase wurde durch den Ersten Weltkrieg von 1914–1918 jäh unterbrochen. Die Mitglieder des Gesellenvereins standen fast alle im militärpflichtigen Alter und wurden deshalb zum Kriegsdienst einberufen. Etwa 17000 Gesellen sind nicht wieder heimgekehrt. Die Gesellenhäuser wurden zum Teil beschlagnahmt und zu Militärzwecken verwandt. So diente das 1913 neuerrichtete Kölner Gesellenhaus durch die Kriegsjahre hindurch als Lazarett. Das Vereinsleben verblaßte oder hörte ganz auf. Der Krieg schien dem Gesellenverein einen Todesstoß zu versetzen.

III
DER NEUBEGINN NACH DEM ERSTEN WELTKRIEG

Wenn der Gesellenverein durch den Ersten Weltkrieg auch schwere Verluste hinnehmen mußte, so besaß er doch noch die innere Kraft, nach Kriegsende sofort mit dem Wiederaufbau zu beginnen. Eine neue Zeit brach für ihn an. Am 26. September 1918 versammelten sich die Diözesan- und Zentralpräsides in Würzburg und überlegten, wie man der Zukunft gerecht werden könne. Generalpräses Schweitzer beurteilte die Lage sehr hoffnungslos, wenn es nicht gelänge, die katholischen Meister als Stütze für den Gesellenverein zu gewinnen: „Die sogenannte Ehren- und Schutzmitgliedschaft hat sich in der alten Form überlebt. Das ganze Handwerk soll nach den Worten Vater Kolpings im Gesellenverein und im Gesellenhause wohnen. Kolpings Institution kann sich heute nicht mehr darauf beschränken, brave Meister heranzubilden; er darf diese nicht mehr sich selbst überlassen, weder hinsichtlich ihrer religiösen noch ihrer sozialen Schulung. Der Gesellenverein selbst muß unbedingt an der gesamten katholischen Meisterschaft einen Rückhalt finden und darum diese in einer festgefügten Organisation sich anschließen. Das aber sind Zeitforderungen, deren Verkennung geradezu eine Gefahr für den gedeihlichen Weiterbestand des Kolpingwerkes bilden würden."[107] Die Gründung und Ausbreitung der Meistervereine, die es schon zu Kolpings Zeiten in einigen

Städten gab, sollten eine Rückenstärkung für den Gesellenverein werden.

Zu den Schwierigkeiten, die der Krieg für den Gesellenverein gebracht hatte, kamen die Auseinandersetzungen um die Jugendverbände nach dem Kriege. Die aus dem Wandervogel entstandene Jugendbewegung beherrschte das Feld. Ihre Ziele waren andere als die des Gesellenvereins. Darum wurde dieser als überholt und veraltet angesehen. Zudem machte der aus den Sodalitäten und Jugendvereinen entstandene Jungmännerverband dem Gesellenverein das Feld streitig. So waren die Sorgen von Generalpräses Schweitzer für den Fortbestand des Gesellenvereins nur zu berechtigt. Aber die Treue der heimkehrenden Gesellen war ungebrochen. In Dr. Theodor Brauer als freiem Mitarbeiter und Dr. Johannes Nattermann als Generalsekretär fand Generalpräses Schweitzer Mitarbeiter, die das Fundament für einen Neubeginn des Gesellenvereins legten. Ihre größte Bedeutung liegt sicher darin, daß sie zu den Quellen zurückkehrten und die Gestalt Adolph Kolpings wieder lebendig werden ließen. Das erwies sich für den Wiederaufbau des Gesellenvereins als sehr fruchtbar.

Das erste Programm des Katholischen Gesellenvereins

Der Neuaufbau des Gesellenvereins erforderte eine klare geistige Ausrichtung. Damit beschäftigte sich die XVII. Generalversammlung vom 25. bis 27. Juli 1921 in Köln. Grundlage der Beratungen war das Programm Adolph Kolpings, das neu interpretiert und an den Aufgaben der Zeit ausgerichtet werden sollte. Zum erstenmal in der Geschichte des Gesellenvereins wurde sein

Wollen in einem Programm festgeschrieben. Es lautet wie folgt:

„Der Gesellenverein, als *katholisch-sozialer Verein* von Adolph Kolping ins Leben gerufen, will seinem alten Programm getreu *‚die Anregung und Pflege eines kräftigen religiösen und bürgerlichen Sinnes und Lebens‘*, und zwar:

1. zu einem kernigen, *lebengestaltenden Christentum* erziehen (Der ‚tüchtige Christ‘ Kolpings);
2. die Mitglieder durch ideelle und praktische Mittel mit der Idee des *Berufsarbeiters* erfüllen im Gegensatz zur sozialistischen Auffassung des Nur-Lohnarbeiters, um dadurch den sittlichen Grund zu legen zu einem neuen *berufsständischen Aufbau* des wirtschaftlichen und gesellschaftlichen Lebens (Der ‚tüchtige Meister‘ Kolpings);
3. vom Zentrum des Berufes aus den einzelnen zu seiner *persönlichen Entfaltung* im Dienste des Volksganzen anregen und den Zugang zur Kulturgemeinschaft des Volkes eröffnen (Der ‚tüchtige Bürger‘ Kolpings).

Der Gesellenverein erstrebt diese Ziele auf dem Wege der *freien Vereinsfamilie*, an deren Spitze der Präses mit väterlicher, in der Liebe begründeten Gewalt steht, um so die Mitglieder zu dem *Gemeinschaftsgeist* zu führen, den sie einst in ihrer eigenen Familie und in der ganzen Volksfamilie pflegen sollen (Der ‚tüchtige Familienvater‘ Kolpings).“[108]

In diesem Programm und in den Ausführungen, die dazu gegeben wurden, bekannte sich der Gesellenverein klar als Bildungsgemeinschaft, die dem einzelnen in seinem christlichen Glauben, in der Berufs- und Arbeitswelt, in bezug auf die Familie und als Staatsbürger befähigen will. Die Bildungsarbeit soll dem allgemeinen Ziel des Gesellenvereins dienen, zum Aufbau einer neuen Volkskultur beizutragen.

Die Generalversammlung in Köln befaßte sich neben diesen inhaltlichen Themen aber auch mit Strukturfragen innerhalb des Verbandes. So wurde den Vertretern der Bezirke und der großen Vereine mit mehr als 300 Mitgliedern die Teilnahme an den Generalversammlungen ermöglicht und das Stimmrecht gegeben. Das führte zu mehr Demokratie und Mitverantwortung der Laien, aber auch zu einer größeren Geschlossenheit des Verbandes.

Der I. Internationale Gesellentag 1922 in Köln

Die innere Festigkeit und Geschlossenheit des Gesellenvereins zeigte sich besonders bei der ersten großen internationalen Tagung auf deutschem Boden, auf dem „I. Internationalen Gesellentag Pfingsten (4. bis 5. Juni) 1922 in Köln". Dieser Gesellentag war eine Bestätigung der Lebenskraft des Kolpingwerkes und wurde zu einem großen Friedensfest nach dem völkermordenden Weltkrieg. Mehr als 20000 Mitglieder aus allen Teilen Deutschlands, auch aus den Gebieten Oberschlesiens, die durch den Versailler Vertrag an Polen abgetreten werden mußten, und aus dem Saarland, das durch denselben Vertrag Frankreich angegliedert wurde, sowie aus den außerdeutschen Ländern Holland, der Schweiz, Österreich, Südtirol, Ungarn, Jugoslawien, Böhmen und Mähren und den USA kamen nach Köln, um ein Bekenntnis zu Adolph Kolping und seinem Werk abzulegen[109].

Wenn dieser Gesellentag auch keine Generalversammlung war und daher nicht in dessen Kompetenzen eingreifen durfte, so wurden dennoch Mitgliedervertreter gewählt, die zu den anstehenden Fragen der Gesellen Stellung nahmen. So berichtet Generalsekretär Johannes Nattermann, daß das Programm von 1921 überall angenommen wurde. In einer großangelegten Rede begründete er dieses Programm und zeigte die Ziele des Gesellenvereins für die Zukunft auf, die sich daraus ergaben[110].

Auf die Frage nach der Wirkung des Gesellentages gibt Theo Rempe folgende Antwort: „Zunächst hatte er die Lebenskraft des Gesellenvereins unter Beweis gestellt. Es war nun klar, daß auch in der gewandelten Umwelt das Kolpingwerk seine Existenzberechtigung hatte. Das Selbstbewußtsein war gestiegen. Eine nachwirkende Kraft ging auch von dem Erlebnis aus, das der Gesellentag den Teilnehmern gebracht hatte. Gemeinschaften leben ja von zahlreichen kleinen und großen Gemeinschaftserlebnissen. Diese Erlebnisse wurden dadurch vermehrt, daß nun nach dem Beispiel des Internationalen Gesellentages überall räumlich begrenzte Gesellentage durchgeführt wurden …

Die nachhaltigste Folge des Gesellentages 1922 war der Brauch, nach den Gemeinschaftskommunionen der Kolpingsfamilie in der Kirche das Kolpinggrablied zu singen. Generalsekretär Nattermann hat, trotz Bedenken von Generalpräses Schweitzer, am Pfingstmontag nach den Eucharistiefeiern in der Minoritenkirche das Kolpinggrablied singen lassen. ‚Niemals wohl ist das Lied mit solcher Begeisterung und innerer Ergriffenheit gesungen worden‘, heißt es in einem Bericht. Kein Wunder, daß die Gesellen in ihrer Heimat das Lied nun auch in der Kirche sangen. Das war nach kurzer Zeit bereits allgemeiner Brauch, als wenn es nie anders gewesen wäre.“[111]

Der Kölner Gesellentag war ein Höhepunkt in der Amtszeit von Generalpräses Schweitzer. Er konnte für sich in Anspruch nehmen, dem Kolpingwerk nach dem Ersten Weltkrieg wieder zu neuem Glanz verholfen zu haben. Am 27. September 1924 wurde er von Gott heimgerufen. Zu seinem Nachfolger wählte der Schutzvorstand des Kölner Gesellenhospitiums am 21. Oktober 1924 den früheren Präses des Kölner Gesellenvereins, Theodor Hürth, der inzwischen neun Jahre als Pfarrer in Aldenhoven bei Jülich tätig war.

Stärkung der Zentralverbände

Die XVIII. Generalversammlung vom 29. Juni bis 1. Juli 1925 in Würzburg war von ganz entscheidender Bedeutung für die Entwicklung des Internationalen Kolpingwerkes. Hier wurde ein neues Generalstatut geschaffen, das zwar auf der Kolpingschen Tradition aufbaute, aber doch dem inzwischen erfolgten geistigen Wachstum des Gesellenvereins sowohl nach der demokratischen als auch nach der nationalen Seite hin Rechnung trug. Den einzelnen nationalen Zentralverbänden wurde mehr Eigenständigkeit eingeräumt. Zugleich wurde aber auch die Stellung und der Einfluß des Generalpräsidiums verstärkt, indem nicht mehr dem Kuratorium des Kölner Gesellenhospitiums, sondern dem Generalrat, der Vertretung der Zentralverbände, die Wahl des Generalpräses übertragen wurde.

Der Name „Verband katholischer Gesellenvereine“, der auf der XV. Generalversammlung 1907 in Frankfurt eingeführt worden war, wurde nun wieder umgeändert in „Katholischer Gesellenverein“. Damit sollte eine stärkere Rückbesinnung auf Adolph Kolping und sein Werk dokumentiert werden.

Von der XVIII. Generalversammlung ging auch der Beschluß aus, Pfingsten 1927 den II. Internationalen Gesellentag in Wien durchzuführen.

Der II. Internationale Gesellentag 1927 in Wien

Nachdem man auf dem ersten Gesellentag 1922 in Köln ein Bekenntnis zu Adolph Kolping und seinem Programm abgelegt hatte, wollte man sich auf dem II. Internationalen Gesellentag vom 5. bis 6. Juni 1927 (Pfingsten) in Wien bestimmten Forderungen zuwenden. Familie, Demokratie, Völkerfriede waren dic Programmpunkte, zu denen der Gesellenverein in Wien Stellung nahm.

Generalpräses Hürth konnte Präsides und Mitglieder der Gesellenvereine aus Argentinien, Brasilien, den USA, aus Holland, Belgien, der Schweiz, aus Rom, Ungarn, Rumänien, der Tschechoslowakei, aus Polen, Danzig, Österreich und Deutschland begrüßen. Wie verhärtet inzwischen aber die nationalen Fronten geworden waren, kann daran ermessen werden, daß, anders als 1922, jetzt den Kolpingssöhnen aus Südtirol die Ausreise verweigert wurde, ebenso vielen polnischen Mitgliedern[112].

Welchen Aufstieg der Gesellenverein inzwischen genommen hatte, legte Generalsekretär Johannes Nattermann in seiner Ansprache „Vom ersten zum zweiten Gesellentag" dar: „Von 1922 bis 1927 stieg die Zahl der Gesellenvereine von 1360 auf 1770, die Zahl der aktiven Mitglieder stieg von 72715 auf etwa 105000, die Zahl der kostenlosen Nachtquartiere für die beruflich wandernden Mitglieder stieg im deutschen Zentralverband von 23369 im Jahre 1922 auf 138621 im Jahre 1925, im gleichen Gebiet stieg die Zahl der berufsbildenden Kurse von 647 im Jahre 1921 auf 1107 mit 19260 Teilnehmern im Jahre 1925. Die Zentralverbände sind überall im Wachsen begriffen, auch in Amerika."[113]

Resolution des II. Internationalen Gesellentages

Die Aussagen der Referate „Gesellenverein und Familie" (Generalpräses Hürth), „Demokratie" (v. Lerchenfeld, Deutscher Gesandter in Wien) und „Völkerfriede" (Bundeskanzler Dr. Ignaz Seipel) sowie die Ergebnisse der Arbeitskreise wurden in folgender Resolution zusammengefaßt:

„Familie

Für jeden katholischen Gesellen ist die Gründung und Führung einer wahrhaft glücklichen katholischen Familie das Werk seines Lebens. Für jeden Katholischen Gesellenverein ist die Grundlegung, Pflege und Förderung dieses Zieles Grundlage, Umgrenzung und Krönung jeglicher Vereinsarbeit.

Diese Zielpunkte ergeben folgende Leitgedanken:

1. Der junge Mann muß angeleitet werden, Jahre voraus dieses sein Lebenswerk, auch bevor er noch eine Lebensgefährtin gewählt hat, in jeder Hinsicht vorzubereiten.

2. Um ein wahrhaft glückliches Familienleben gründen und führen zu können, muß der Gesellenverein als solcher und ein jedes seiner Mitglieder an allen Bestre-

bungen des privaten und öffentlichen Lebens, soweit sie auf dem Boden des Christentums stehen, die wirtschaftlichen Grundlagen der Familie zu ermöglichen oder zu erleichtern suchen, tätigen Anteil nehmen.

3. Der Katholische Gesellenverein soll seinerseits Einrichtungen schaffen oder die bestehenden fördern und ausbauen, die seinen Mitgliedern helfen, trotz allen Nöten der Zeit eine *glückliche Familienwirtschaft* zu gründen und zu erhalten.

Demokratie

Getreu der Lehre des Gesellenvaters Adolph Kolping, daß des Volkes Glück in der persönlichen Tüchtigkeit seiner Bürger beruht, arbeitet der Gesellenverein seit seiner Gründung an der persönlichen und beruflichen Hebung seiner Mitglieder. *In der Demokratie sieht er die Gewähr für die Gleichheit der Rechte und der Pflichten vor der Verfassung und dem Gesetz, die Anerkennung einer auf Menschenwürde und gegenseitiger Achtung beruhenden Möglichkeit der Ausbildung, der Lebensgestaltung und des Aufstieges für alle und die gerechte Bewertung nach Tüchtigkeit und Leistung.*

Der Gesellenverein unterwirft sich der dem Gesamtwohl dienenden und der göttlichen Ordnung in der Natur entsprechenden *Staatsautorität;* er will eine freiheitliche, durch berufliche Gemeinschaft geförderte Entfaltung des gesellschaftlichen und staatlichen Lebens, dessen Durchdringung mit den christlichen Grundsätzen er aus der katholischen Gesinnung seiner Mitglieder erstrebt.

Völkerfriede

Ausgehend von der Familie als der Wurzel nicht nur der Einzelmenschen, sondern auch der gesamten Menschheit, betrachtet der Gesellenverein *die einzelnen Völker als Glieder einer Menschheitsfamilie,* in der jedes Glied das Recht zur Entfaltung und Nutzbarmachung seiner Kräfte hat, jedoch nicht auf Kosten eines anderen Volkstums, weil nur so der materielle und kulturelle Fortschritt der Menschheit gefördert werden kann. Die bei der Unvollkommenheit alles Irdischen nicht ausbleibenden Mißverständnisse, Spannungen und Interessengegensätze *müssen nach der katholischen Auffassung des Gesellenvereins auf dem Wege der Rechtsgestaltung und vor allem durch eine aus dem Geist der Liebe geborene Verständigung zu beseitigen versucht werden.* Die Mitglieder des Gesellenvereins, als Söhne einer verschiedenes Volkstum umfassenden Kolpingsfamilie, betrachten es als ihre Aufgabe, diese Grundsätze zunächst im eigenen Gesellenverein praktisch zu üben, vor der Öffentlichkeit programmatisch zu vertreten und für ihre Durchführung im Leben der Völker zu kämpfen."[114]

In einer Broschüre wurden die Gedanken des II. Internationalen Gesellentages festgehalten und verbreitet, um sie so in den einzelnen Vereinen durch die Bildungsarbeit zu vertiefen.

Von dem Wiener Gesellentag ging auch die Idee eines einheitlichen Banners mit dem K-Zeichen aus. Die endgültige Gestaltung schuf Prof. Dr. Anton Wendling aus Aachen. Am 1. Januar 1928 wurde das neue Banner, das bald auch das neue Vereinszeichen wurde, im Kolpingblatt vorgestellt und eingeführt.

Ein Jahr nach dem Gesellentag kam am 16. Mai 1928 der Generalrat des Katholischen Gesellenvereins in

Wien zu einer Sitzung zusammen. Sie fand in Gegenwart des Zentralpräses von Österreich, Sr. Eminenz Kardinal Dr. Piffl, im Erzbischöflichen Palais statt. Im Rückblick auf den II. Internationalen Gesellentag erließ der Generalrat ein Internationales Manifest des Katholischen Gesellenvereins. Es lautet:

„An die Mitglieder der Kolpingsfamilie!

Am unvergeßlichen Pfingsttage des Jahres 1927 habt Ihr in Wien auf Grund unseres Programms Euch feierlich und stolz zu den Forderungen: *Familie, Demokratie, Völkerfriede* bekannt. Damit habt Ihr der Kolpingsfamilie ernstes und großes Wollen bekundet.

Ihr seid eingetreten für Ehe und Familie als einer dauernden, von Gott gewollten und geheiligten Liebes- und Lebensgemeinschaft. Damit kämpft Ihr nicht nur für das Königreich des einfachen Mannes, sondern auch für die lebendige Zelle des Volkes, für die Quellstätte eines echten Volksgeistes und für die Bildungsstätte des Reiches Gottes. Die gewaltigste Frage der Gegenwart ist damit aufgegriffen worden, und an ihrer Lösung zu arbeiten ist dringendes Gebot der Stunde.

Ihr habt Demokratie verlangt. Dies soll bedeuten, daß der Mensch immer mehr als solcher geachtet werde, daß der Gedanke der religiösen Gleichheit vor Gott sich immer mehr dahin auswirke, daß die Menschen auch hier auf der Erde immer mehr gleich seien vor Gesetz und Recht, daß die gleichen Möglichkeiten allen offen stehen und daß der einzelne Mensch auf Grund seiner beruflichen Leistung und seiner charaktervollen Haltung gewertet und geachtet werde in Staat und Gesellschaft. Darum wendet Ihr Euch mit der ganzen Kraft Eures Herzens gegen jede politische Knechtung und gegen jegliche Gewaltherrschaft des Kapitals. Ihr wollt nicht, daß einige wenige Menschen durch ihren Kapitalbesitz die Menschheit beherrschen sollen, sondern Ihr verlangt, daß das Kapital dem Dienste des Gesamtwohles untergeordnet werde.

Ihr habt Euch zum Frieden unter den Völkern bekannt. Darin erblickt Ihr nur den Auftrag und das Gebot unseres Herrn Jesu Christi. Er wollte, die Völker sollten sich nicht nur bewußt sein, daß sie alle Glieder der einen, aus der ersten Familie hervorgegangenen Menschheitsfamilie sind, sondern daß sie auch alle Kinder des einen Vaters im Himmel und alle erlöste Brüder unseres Heilandes Jesu Christi sind. Dabei wißt Ihr, daß Gott, der Herr, die Verschiedenheit und Eigenart der Völker, ihrer Kultur und Staaten will, als einen Beweis für den seelischen Reichtum, den er in das menschliche Geschlecht hineingelegt hat; und daß deshalb ihre Eigenarten und ihre Eigenrechte geehrt und geachtet werden müssen. Ihr seid stolz darauf, Kolpingsöhne verschiedenen Volkstums in der Kolpingsfamilie zu haben; und Ihr habt den Wunsch, daß an möglichst vielen Völkern die Segenskraft des Gesellenvereins sich entfalten möge. Darum bekämpft Ihr jede engherzige Abschließung der Staaten und jede Behinderung des freien Verkehrs unter den Völkern.

Für diese Forderungen tretet als mutige Kämpfer auf den Kampfplatz. Wir wissen, daß in den einzelnen Vereinen an der *persönlichen Durchbildung* in religiöser, geistiger, beruflicher und körperlicher Hinsicht gearbeitet wird. Wir wissen, daß der Geist der Solidarität Euch umschlingt. Diese erste und wichtigste Arbeit des Gesellenvereins darf nicht unterbrochen, nicht gestört, sie muß vielmehr noch vertieft und vermehrt werden. Darüber hinaus heißt es aber, in der heutigen Zeit auch *öffentlich für unsere großen Forderungen in den einzelnen Völkern und Staaten einzutreten.* Damit aber dies geschehen kann, muß die *Freiheit der Jugenderziehung und die Freiheit der Jugendverbände gegenüber dem Staat* gewährleistet sein. Für diese Freiheit einzutreten, ist eine besondere Forderung der Stunde. Ihr wollt freie, aus innerer Verpflichtung Staat und Volk dienende Bürger, aber nicht willenlose Untertanen sein.

Dieser geistige Kampf muß alle Kolpingssöhne auf der Welt vereinen. Damit aber dieser Kampf geführt werden kann, muß zunächst das Größte und Erhabenste des Kolpingswerkes, *die tätige Liebe,* die Herzen aller Kolpingssöhne untereinander verbinden. Darum reicht über alle nationalen Grenzen hinweg einander die Bruderhand und zeigt in der freundlich gewährten Wanderfürsorge den praktischen Beweis dieser tätigen Liebe. *Unser neues Banner* aber soll das Zeichen unserer Gemeinschaft, unserer Einheit, Kraft und Liebe sein. In diesem Zeichen kämpft Ihr für die Königsherrschaft Jesu Christi in der Welt. Dafür zu kämpfen ist des Kolpingsbundes letztes Ziel, höchste Ehre und schönster Lohn.

Wien, am 16. Mai 1928.

Der Generalrat des Katholischen Gesellenvereins."[115]

Die Resolution des Wiener Gesellentages und das ein Jahr später herausgegebene Manifest bekundeten vor aller Welt, daß der Gesellenverein sich den Aufgaben der Zeit stellte und fest entschlossen war, zu verwirklichen, was Papst Pius XI. in seinem Brief an Generalpräses Hürth schrieb: „Der Gesellenverein ist berufen, mitzuarbeiten an der wahren Lebenserneuerung der menschlichen Gesellschaft!"[116]

Der I. Deutsche Gesellentag

Nach dem großartigen Gesellentag von Wien glaubte man, einen solchen alle fünf Jahre durchführen zu können. So beschloß der Generalrat auf seiner Sitzung am 22. August 1929, den nächsten Gesellentag 1932 in der Schweiz durchzuführen. Als dann aber in den Jahren 1929/30 die Weltwirtschaftskrise einsetzte und überall die Zahl der Arbeitslosen rapide anstieg, faßten der Generalrat und das Generalseniorat auf ihrer gemeinsamen Tagung vom 14. bis 17. Mai 1931 den Beschluß, den Gesellentag zu verschieben. Aufgrund dieser Entscheidung beschloß die Deutsche Zentralversammlung am 8./9. Oktober 1932 den ersten Deutschen Gesellentag vom 8. bis 11. Juni 1933 in München durchzuführen. Er sollte unter dem Leitgedanken stehen: „Gott und Volk – Volk und Stand – Stand und Staat".

Kolpings Wandernde Gesellen (KWG)

Bei der Vorbereitung des Münchener Gesellentages spielte die KWG eine wichtige Rolle. Diese Gruppe war am 19. März 1932 durch das deutsche Seniorat beschlossen und gegründet worden. Der Beschluß lautet:

1. Das deutsche Seniorat beschließt, die im Katholischen Gesellenverein schon bestehenden Wandergruppen unter dem Namen ‚Kolpings Wandernde Gesellen' zusammenzuschließen und neue Wandergruppen in den Vereinen ins Leben zu rufen. Diese Wandergruppen sollen den wertvollen Gedanken des Wanderns in ihren Gruppen verwirklichen und Schulung und Vorbereitung für die berufliche Wanderschaft sein. Das Programm dieser Wandergruppen ist naturgemäß das Programm

des Katholischen Gesellenvereins. Ihre Aufgabe soll besonders darin bestehen, das Ideal des Kolpingsohnes zu verwirklichen. Ein besonderes Abzeichen wird für diese Gruppen eingeführt und eine einheitliche Tracht dargeboten.

2. Als Wanderkleidung wird die der Kölner Wandergruppe empfohlen. (Schwarze Samthose, schwarze Samtweste, schwarze Strümpfe, Hemd und schwarzer Gürtel.)

3. Wo Landestrachten bestehen, die sich zum Wandern eignen, sollen diese von unseren Mitgliedern beibehalten werden. K-Abzeichen auf der linken Brustseite des Hemdes und besondere Leinenjacken sollen jedoch von diesen als äußeres Kennzeichen ihrer Zugehörigkeit zu den ‚Kolpings Wandernden Gesellen' getragen werden.

4. Das Generalsekretariat wird gebeten, durch seine Verlagsabteilung die Tracht zum Verkauf an unsere Mitglieder führen zu wollen."[117]

In den „Kolpings Wandernden Gesellen" sah der Gesellenverein die Organisation, die für die berufliche Wanderschaft werben und die jungen Leute geistig und körperlich darauf vorbereiten sollte. Das geschah in besonderen Führerwerkwochen und Schulungskursen.

Verbot des Gesellentages

Am 30. Januar 1933 hatten die Nationalsozialisten in Deutschland die Macht übernommen. Es war fraglich, ob die neuen Machthaber den Gesellentag in München, wo die nationalsozialistische Bewegung ihren Anfang genommen hatte, gestatten würden. Das bayerische Innenministerium erklärte demgegenüber aber, daß keine

Bedenken bestünden. So konnten die Vorbereitungen weitergeführt werden.

Trotzdem wurden am 2. Juni, knapp eine Woche vor dem Beginn, alle Veranstaltungen verboten. Dem widersetzte sich die Leitung des Gesellentages. Vizekanzler Franz von Papen, der selber als Redner auf dem Gesellentag mitwirken sollte, wurde eingeschaltet. Hitler war angeblich nicht zu erreichen. In einem Telegramm an ihn wurde darum um Aufhebung des Verbotes gebeten. Am 5. Juni richtete Kardinal Faulhaber von München ein Protestschreiben an den bayerischen Innenminister Wagner und an die Politische Polizei. Aufgrund dieser Bemühungen kam es dann zu einem Gespräch mit der bayerischen Staatsregierung, die nach stürmischen Auseinandersetzungen gestattete, daß die Veranstaltungen in der Liebfrauenkirche, in der Staatsoper und in den Ausstellungshallen stattfinden dürften.[118]

Den Teilnehmern, die mit elf Sonderzügen, Bussen und zu Fuß nach München kamen, wurde beim Eintreffen ein Handzettel mit folgendem Inhalt überreicht: „Zur dringenden Beachtung für alle Teilnehmer des Gesellentages! Ich bitte alle Teilnehmer, unliebsame Auseinandersetzungen und geschlossene Gruppenmärsche auf der Straße zu unterlassen. Fahnen dürfen nur eingerollt getragen werden, Msgr. Hürth, Generalpräses."[119]

Im Mittelpunkt der Eröffnungsveranstaltung stand die Rede von Generalpräses Hürth, der den Gesellentag als Dienst am Volk deutete und die Einheit des Gesellenvereins über alle Grenzen und Sprachen hinweg herausstellte. In drei großen Kundgebungen wurden dann die einzelnen Teile des Leitwortes in einem chorischen Weihespiel, in das auch die Reden zu dem Thema einbezogen waren, behandelt. Generalsekretär Dr. Nattermann referierte zu dem Thema „Gott und Volk". Dr.

Wilhelm Reinermann, Mitarbeiter im Generalsekretariat, behandelte das Thema „Volk und Stand", und August Winkler, Leiter des Organisationsamtes des Gesellenvereins, nahm zu dem Thema „Stand und Staat" Stellung.

Schon am Freitagabend kam es zu Anpöbeleien seitens der Nationalsozialisten, insbesondere durch die SA-Männer. Den Gesellen wurden die Abzeichen abgerissen, die Banner geraubt und zerrissen, Transparente am Gesellenhaus wurden zertrümmert usw. Dabei wurden einige Gesellen sogar niedergeschlagen und mißhandelt.

Der Hauptschlag gegen den Gesellentag erfolgte aber am Samstagabend. Während der Kundgebung, in der Vizekanzler Franz von Papen sprach, überbrachte der später als Statthalter von Böhmen so berüchtigt gewordene Reinhard Heydrich einen Befehl, nach dem mit sofortiger Wirkung das Tragen von Uniformen verboten sei. Damit war die einheitliche Tracht der Bannerabordnungen und der KWG gemeint.

Durch diese und andere Maßnahmen suchte die SA die Teilnehmer am Gesellentag zu provozieren. Aber die Gesellen bewahrten, entsprechend den dauernden Appellen der Gesellentagsleitung, Ruhe und Gelassenheit. Sie ließen sich nicht herausfordern, um dann als Unruhestifter gebrandmarkt zu werden. Vielmehr folgten sie dem eindringlichen Aufruf von Generalsekretär Nattermann, dem Terror der SA Disziplin aus christlicher Haltung entgegenzustellen. Dieser Appell, der die Situation auf dem Gesellentag beleuchtet, soll hier wörtlich wiedergegeben werden:

„Kolpingsöhne, wir haben nun diese herrliche Kundgebung erlebt und in einer denkwürdigen Weise unserem Dienst am deutschen Volk Ausdruck gegeben. Ihr habt in diesen Tagen eine herrliche Disziplin gezeigt und seid unserer Aufforderung gefolgt, dem Verbot des Bannertragens und des Aufmarschierens zu entsprechen. Leider muß ich Euch nun eine neue Mitteilung machen.

Es ist an uns zur Abendstunde ein Befehl ergangen von der bayerischen politischen Polizei, wonach nun auch verboten ist, daß Ihr die Bannerkleidung und andere militärähnliche Kleidung, wie es darin heißt, in München tragt. Kolpingssöhne, ich habe schon oft Opfer von Euch verlangt, bringt bitte auch dieses schwere Opfer. Es fällt mir nicht leicht, dieses von Euch zu verlangen. Aber nehmt Euer Herz in Euere Hand und bringt es Vater Kolping zum Opfer. Ihr habt die Kundgebungen erlebt, und sie werden unauslöschlich in Eurer deutschen Seele haften bleiben. Bringt darum bitte das Opfer! Tut es um des Kolpingwerkes willen. Tut es um des Segens willen, den Kolping für Deutschland und die Welt gebracht hat. Bringt, ich bitte Euch, das Opfer. Denkt an das Wort Kolpings: ‚Die Liebe heilt die Wunden'. Aus Liebe hat unser Herrgott sich kreuzigen lassen. Tragt darum das Kreuz. Gott hat durch Not und Tod die Liebe hochgehalten. Folgt ihm und bringt das Opfer! Gott, der Herr, hat mit dem Gesellenverein noch vieles vor, darum legt er uns dieses Kreuz auf.

Nun bitte ich Euch, nicht Euren frohen Sinn zu verlieren. Laßt die Bannerkleidung im Quartier. Schlagt jetzt unterwegs den Kragen hoch! Überkleidet Euch mit Rock und Mantel! Wer kein anderes Hemd hat als das orangene, bleibe hier in der Halle. Wir wollen sehen, wie da zu helfen ist. Freunde, auf Regen folgt Sonnenschein. Größer und schöner seid Ihr, wenn Ihr das Opfer bringt, als wenn Ihr stolz mit Banner und Tracht durch Münchens herrliche Straßen marschieren könntet.

Und trotz allem. Ihr Kolpingssöhne, vergessen wir nicht, auch in dieser schweren Stunde nicht, die Bruderhand auszustrecken. Und wenn alle untreu werden, so bleiben wir doch treu!"[120]

Unter diesen gegebenen Umständen hielt es die Gesellentagsleitung für ratsam, am Sonntag alle Veranstaltungen abzusagen und mit dem Pontifikalamt durch Kardinal Faulhaber den Gesellentag vorzeitig zu beenden. Da man aber für den Gottesdienst keinen Polizeischutz erhielt, mußte auch das Pontifikalamt ausfallen. Die Provokationen der SA gingen indes auch am Sonntag weiter. Es gab nur noch eine Möglichkeit, diesem Terror zu entgehen, indem die Gesellen München so schnell wie möglich verließen. Darum wurde die Abfahrt der Sonderzüge vorverlegt. Aber auch auf dem Weg zum Bahnhof wurden die Teilnehmer am Gesellentag noch belästigt.

Der I. Gesellentag von München brachte eine entscheidende Wende für das Internationale Kolpingwerk. Den Teilnehmern – auch den Abordnungen aus der Schweiz, aus Österreich, Ungarn, Holland, den USA und anderen Ländern – wurde offenbar, daß der Nationalsozialismus mit aller Macht den Gesellenverein zu vernichten suchte. Das gelang ihm aber nicht. Die Terroraktionen von München durch die SA haben vielmehr dazu beigetragen, das Zusammengehörigkeitsgefühl der Kolpingssöhne in aller Welt zu verstärken.

Der Gesellenverein und der Nationalsozialismus

Mit dem Jahr 1933 brach eine ganz neue Situation für den Gesellenverein in Deutschland und damit auch für das Internationale Kolpingwerk an. Die Führung des Kolpingwerkes sah sich vor schwere Entscheidungen gestellt. Wie sollte man sich dem Nationalsozialismus gegenüber verhalten?

In dem Artikel „Mitten in der Bewegung der Zeit ...“ im „Kolpingblatt“ vom 15. März 1933 gab Generalsekretär Dr. Nattermann noch die Parole aus: „Wir bauen mit.“ Diese Mitarbeit begründete er mit der religiösen Verantwortung für das Volk. Darüber hinaus erwartete er nach dem, was alles in den letzten Jahren vorausgegangen war, eine neue Volksordnung: „Dieses Reich muß gegliedert sein, keine zentralistische Bürokratie. Dieses Reich muß ein Bau sein, in dem viele Wohnungen sind. Dieses Reich muß ein Hort sein der Freiheit und Gerechtigkeit, mit Kommissaren ist hier nichts getan. Von der freiwilligen Zustimmung der Deutschen und vom Segen Gottes muß zuletzt der Baumeister des Reiches getragen sein.“[121]

Dr. Nattermann führte dann weiter aus: „Wir halten es für falsch und bedauern es sehr, wenn hier und da von katholischer Seite Kulturkampftöne aus vergangenen Tagen angeschlagen werden, wobei wir unter Kulturkampftönen nicht freie politische Meinungsäußerungen verstehen. Wir fühlen uns in unserem Gewissen verpflichtet es wiederum auszusprechen, daß die Stellung vieler, die bloß in der Ablehnung, im Anti verharren, von schwerstem Verhängnis für den Katholizismus in Deutschland werden kann. Das neue Volk und das neue Reich wird werden. Entweder schafft der deutsche Katholizismus begeistert mit, oder er schaltet sich aus, wird wiederum ins Getto gedrängt, läuft wiederum polternd hinter dem Reichswagen her oder verflüchtigt sich in Geistreichigkeiten und leere Träumereien."[122]

Neben dieser optimistischen Haltung und Verteidigung der Mitarbeit beim Aufbau eines neuen Reiches bringt Dr. Nattermann aber auch die Sorge zum Ausdruck, daß es zu einer falschen Entwicklung kommen könnte: „Wir hoffen, daß man nie daran denkt, uns zur Staatsmasse oder zur Parteimasse zu machen. Wir hoffen, daß man nie daran denkt, das Recht der Persönlichkeit und das Recht der genossenschaftlichen Freiheit um fremder Vorbilder willen zu unterdrücken."[123]

Diese Worte schrieb Dr. Nattermann vor dem Gesellentag in München nieder. Die meisten Mitglieder standen seiner Haltung skeptisch und ablehnend gegenüber. Darin wurden sie besonders durch die Ereignisse während des Gesellentages in München bestärkt.

Dr. Nattermann blieb zunächst bei seiner Haltung, zumal Hitler aufgrund des am 20. Juli 1933 abgeschlossenen Konkordates zwischen der katholischen Kirche und der Regierung Zwangsmaßnahmen gegen Geistliche und katholische Organisationen zurücknahm und sogar solche Maßnahmen für die Zukunft für unzulässig und strafbar erklärte. Unter diesem Eindruck sagte Dr. Nattermann bei der Wallfahrt des Gesellenvereins zum Heiligen Rock nach Trier: „Wenn man uns in unserer Arbeit gelten läßt, dann fällt der ursprüngliche Gegensatz zwischen dem Kolpingssohn und dem Gefolgsmann Adolf Hitlers weg."[124]

Diese Worte sprach der Generalsekretär nach den Ereignissen auf dem Gesellentag in München. Aufgrund des Vorgehens der SA gegen den Gesellenverein ist sicher die Einschränkung von Dr. Nattermann zu verstehen: „Wenn man uns in unserer Arbeit gelten läßt ..." Das war die Testfrage. Nimmt Hitler das Konkordat ernst?

Die Zukunft zeigte schon bald, daß sich der Nationalsozialismus über die Abmachungen mit der Kirche hinwegsetzte. Diffamierungen und Schikanen gingen weiter. Hart traf die kirchlichen Vereine das Verbot der Doppelmitgliedschaft, das Baldur von Schirach am 29. Juni 1933 erließ. Danach konnten Jugendliche nicht gleichzeitig Mitglied in einem katholischen Verein und in der Hitlerjugend sein. Den Gesellenverein traf das Verbot der Doppelmitgliedschaft im Gesellenverein einerseits und in der Deutschen Arbeitsfront (DAF) andererseits darüber hinaus besonders hart.

Um dieser Gefahr und weiteren Schwierigkeiten zu entgehen, beschloß die Deutsche Zentralversammlung vom 18. bis 19. September 1933 in Köln den „Katholischen Gesellenverein" in „Deutsche Kolpingsfamilie" umzubenennen. Ferner wurden die „Meistergruppe", die sich aus den wirtschaftlich selbständigen Altmitgliedern zusammensetzte, und die „Gruppe Altkolping", in der die nichtselbständigen Altmitglieder zusammengefaßt waren, der Kolpingsfamilie eingegliedert. Die Gesellen bildeten von diesem Zeitpunkt an die „Gruppe Kolping".

Durch diese Strukturveränderung konnten jetzt auch ältere und verheiratete Handwerker eine reguläre Mitgliedschaft in der Kolpingsfamilie erwerben. Aus dem Gesellenverein wurde ein Verband, der alle Altersgruppen umfaßte. Das gab der „Deutschen Kolpingsfamilie" die Sicherheit, auch über Jahre hinweg der Unterdrükkung widerstehen zu können, selbst wenn jeglicher Nachwuchs abgeschnitten würde.

Wie richtig und weitblickend dieser Beschluß war, zeigt ein Bericht von Generalpräses Hürth aus dem Jahre 1939:

„Der Umbruch von 1933 stellt die Kolpingsfamilie vor vollständig veränderte Verhältnisse. An Stelle öffentlicher Anerkennung und Unterstützung folgt eine Zeit der Ablehnung und des Widerstandes. Die gesetzliche Regelung des Arbeitseinsatzes hat uns das wichtige Mittel brüderlicher Hilfe, das in der Arbeitsvermittlung sich fand, vollständig genommen. Die berufliche Wanderschaft wird von Staats wegen geregelt. Durch diese beiden gesetzlichen Maßnahmen ist der Zuzug junger Menschen nach Köln, das ohnehin zum Notstandsgebiet erklärt wurde, fast vollständig erdrosselt. Die Zahl neuer Mitglieder muß infolgedessen außerordentlich stark zurückgehen. Während in früheren Jahren, auch noch in der Nachkriegszeit, die *monatliche* Aufnahme neuer Mitglieder fast 20 bis 25 Köpfe zählte, ist die Zahl der neuaufzunehmenden im Laufe eines Jahres auf etwa 60 (?) zusammengeschrumpft. Das Verbot der Doppelmitgliedschaft schreckt viele junge Leute ab, sich der Kolpingsfamilie anzuschließen und läßt manche alte Mitglieder still verschwinden. Es ist selbstverständlich, daß diese öffentliche Ablehnung der Kolpingsfamilie sich im geselligen Leben wie im Wirtschaftsbetrieb außerordentlich stark auswirkt. Die Bilanzen der letzten drei Jahre künden dies laut und eindringlich."[125]

Als besonders schwer erwies sich der Erlaß Himmlers vom 23. Juli 1935, wonach den konfessionellen Vereinen jede Betätigung, die nicht rein kirchlich-religiöser Art war, untersagt wurde. Dieser Erlaß lähmte auch die Arbeit der Kolpingsfamilie. Er gab zudem den Sicherheitsbehörden die Möglichkeit, die Durchführung bestimmter Veranstaltungen – selbst rein geselliger Art – zum Anlaß für Vereinsverbote zu nehmen. Dazu schreibt Heinz-Albert Raem in einer wissenschaftlichen Studie über die Auseinandersetzung des Kolpingwerkes mit dem Nationalsozialismus: „Bis zum Ausbruch des II. Weltkriegs fielen die Kolpingsfamilien in den Diözesen Berlin, Ermland, Meißen, der größte Teil der Breslauer Vereine, sowie die Gesellenvereine in Österreich und im Sudetenland der Willkür des NS-Regimes zum Opfer. Weitere Auflösungen erfolgten parallel zur nationalsozialistischen Expansion. So bedeutete der deutsche Einmarsch in Danzig und in den Niederlanden das Ende der dortigen Zentralverbände. Während des Krieges war schon wegen der Verpflichtung der meisten jüngeren Mitglieder zur Wehrmacht eine geordnete Verbandsarbeit unmöglich. Trotz der im Grunde aussichtslosen Lage spielte Generalpräses Hürth auch jetzt keinen Moment mit dem Gedanken aufzugeben. Am Ende der NS-Diktatur waren von den vormals über 150000 Mitgliedern gerade noch 30–40000 übrig."[126]

Was noch nicht durch die Nazi-Diktatur vernichtet worden war, wurde durch den Zweiten Weltkrieg hinweggerissen. Zehntausende von Kolpingssöhnen sind auf den Schlachtfeldern gefallen oder vermißt. Die Kolpinghäuser wurden enteignet oder von Bomben zerstört. Die Minoritenkirche, Kolpings Grabeskirche, fiel durch Fliegerangriffe in Schutt und Asche. Generalpräses Hürth kam bei einem Bombenangriff im Kölner Kolpinghaus am 27. September 1944 um. Sein Stellvertreter, Diözesanpräses Josef Cardaun, wurde unter den Trümmern seiner Heimatstadt Düren begraben. Lokalpräses Heinz Richter aus Köln und der Geschäftsführer des Kölner Kolpinghauses, Theodor Babilon, wurden von der Gestapo am 15. August 1944 verhaftet und starben im April 1945 im Konzentrationslager Ohrdruf bzw. Buchenwald. Das gleiche Schicksal erlitten viele Präsides und Mitglieder aus dem Deutschen und Internationalen Kolpingwerk.

Mit dem Tod von Generalpräses Hürth war das Kolpingwerk praktisch ohne Führung. Denn auch das Amt des Generalsekretärs war nicht besetzt. Dr. Nattermann schied am 6. Juli 1934 aus und sein Nachfolger, Generalsekretär Albert Büttner, legte am 1. November 1937 sein Amt nieder. Seitdem blieb es unbesetzt. Auch die Mitarbeiter des Generalsekretariats waren bis auf wenige zum Kriegsdienst eingezogen.

Generalpräses Hürth hatte sich stets darum bemüht, das Kolpingwerk über die unglückselige Zeit des Dritten Reiches hinwegzuretten. Im Jahre 1939 schrieb er:

„Wir waren im Bewußtsein höchster Verantwortung bemüht, großes, katholisches Erbgut, das Werk eines heiligmäßigen Priesters und eines kerndeutschen Mannes für Volk und Heimat zu erhalten. Unsere Zukunft liegt in Gottes Hand und in unserer Mitarbeit.

Gottes Allmacht wirkt keine Wunder für Schwächlinge und sorglose Nichtstuer! Zielbewußtes Wollen überwindet jeden Gegner.

Gut! Wir fassen weiter an!

Herrgott, gib du Erleuchtung, Kraft und fröhlichen Mut."[127]

Das Verhalten des Gesellenvereins bzw. der Deutschen Kolpingsfamilie dem Nationalsozialismus gegenüber beurteilt Heinz-Albert Raem in seiner Studie wie folgt:

„Da Hürth wußte, daß er den Machtmitteln des Regimes nichts entgegenzusetzen hatte, verzichtete er auf eine öffentliche Konfrontation, indem er sich zusehends auf den Bereich eines Sakristeichristentums zurückzog. Ihm kam es darauf an, die Deutsche Kolpingsfamilie als solche organisatorisch wie geistig zu bewahren, sich selbst zu behaupten, um unter gewandelten politischen Vorzeichen verlorenes Terrain wieder gut zu machen. Es ist kaum zu bestreiten, daß er – bei allen schwerwiegenden Verlusten – mit seiner Konzeption im letzten erfolgreich war.“[128]

IV
DER WIEDERAUFBAU DES INTERNATIONALEN KOLPINGWERKES NACH 1945

Die Situation für das Internationale Kolpingwerk war nach dem Zweiten Weltkrieg viel schlimmer als nach dem Ersten Weltkrieg. Die Schweiz blieb als einziger Zentralverband vom Kriege verschont. Ungeschwächt gingen auch die Kolpingsfamilien aus Übersee in die neue Zukunft. Anders war es in allen übrigen Ländern. In Deutschland waren fast alle Kolpinghäuser beschlagnahmt, enteignet, zerstört oder in andere Hände übergegangen. Die Mitglieder waren durch Wehrmachtsdienst, Evakuierung und Vertreibung in alle Welt verstreut und konnten organisatorisch kaum erfaßt werden. In Österreich war die Situation noch schwieriger. Dort waren die Kolpingsfamilien verboten und die Häuser beschlagnahmt, so daß auch hier ein ganz neuer Anfang erfolgen mußte. Das Kolpingwerk in Südtirol blieb zwar durch den Krieg weithin verschont, hatte dann aber unter den politischen Wirren der Nachkriegszeit sehr zu leiden. Vom Zentralverband Holland war nur noch die Kolpingsfamilie Nijmegen und vom Zentralverband Belgien nur noch die Kolpingsfamilie Eupen übriggeblieben. In Luxemburg wurde dem Kolpingwerk durch den Krieg ebenfalls vorübergehend ein Ende gesetzt. Die Zentralverbände Ungarn, Jugoslawien, Rumänien, Tschechoslowakei, Polen und Danzig fielen den kommunistischen Regimen in ihren Ländern zum Opfer.

Die Führungskrise im Internationalen Kolpingwerk

Um den Wiederaufbau des Kolpingwerkes vorantreiben zu können, mußte zuerst wieder eine Führungsspitze geschaffen werden. Das erwies sich als besonders schwierig, da alle Verbindungen zwischen den einzelnen Ländern abgebrochen waren und der Generalrat nicht zusammentreten konnte. Aus diesem Grunde wählten die deutschen Mitglieder des Generalrates am 4. Oktober 1945 den Präses der Kolpingsfamilie Düsseldorf-Zentral, Johannes Dahl, zum Generalpräses. Diese Wahl wurde angefochten und führte zu großen Spannungen im Internationalen Kolpingwerk, so daß selbst die Verlegung des Amtssitzes des Generalpräses in ein nichtdeutsches Land erörtert wurde. In diesem Sinne faßten die in Basel versammelten Generalratsmitglieder aus der Schweiz, aus Österreich und Ungarn – die deutschen Vertreter mit Generalpräses Dahl an der Spitze bekamen nicht die Einreiseerlaubnis – am 28. April 1947 folgenden Beschluß:

„*Da die Leitung des Internationalen Kolpingwerkes bis auf weiteres unmöglich von Deutschland aus erfolgen kann,* ist vorläufig auch *kein Generalpräses* zu wählen. Es wird einstimmig beschlossen, diese Leitung einem *Dreierausschuß* zu übertragen, bestehend aus den Zentralpräsides von Deutschland, Österreich und der Schweiz. Für das *Generalsekretariat* wird eine *Zweiteilung* vorgenommen: 1. Generalsekretariat für Deutschland mit Sitz in Köln, 2. Generalsekretariat für den Gesamtverein und insbesondere für die übrigen Zentralverbände mit dem Sitz in der Schweiz. Die Leitung dieses Generalsekretariates für den Gesamtverein und die außerdeutschen Zentralverbände wird einstimmig

Dr. Theobaldi übertragen."[129] Dr. Theobaldi war Zentralpräses des Schweizer Kolpingwerkes.

Durch diesen Beschluß drohte das Internationale Kolpingwerk auseinanderzubrechen. Eine Lösung der Probleme sollte die deutsche Zentralversammlung vom 8. bis 11. September 1947 in Stuttgart bringen. Da die Versammlung Generalpräses Dahl nicht das volle Vertrauen schenkte, sondern vielmehr formulierte: „Der überwiegenden Mehrheit des Generalrates scheint es bei der heutigen Lage unmöglich, daß ein deutscher Generalpräses die Führung des gesamten internationalen Kolpingwerkes praktisch ausüben kann. Daher werden vom Deutschen Zentralrat die Baseler und Züricher Protokolle als vorläufige Lösung angenommen"[130], trat er am 9. September 1947 vom Amt des Generalpräses zurück, um den Weg für eine befriedigende Lösung frei zu machen. Das Amt des deutschen Zentralpräses behielt er bis zur Neuregelung inne.

Durch Vermittlung des USA-Zentralpräses Laukämper gelang es, den gesamten Generalrat im Oktober 1948 nach Köln einzuberufen, um die Führungskrise zu beenden. Als Ergebnis der Beratungen wurde am 14. Oktober 1948 Studienrat Dr. Bernhard Ridder aus Opladen zum Generalpräses und damit zum fünften Nachfolger Kolpings gewählt. Die Führungskrise war damit überwunden, und der gemeinsame Neuaufbau konnte beginnen.

Der Verzicht von Präses Johannes Dahl auf das Amt des Generalpräses war ein Opfer sondergleichen. Nur wer weiß, mit welcher Liebe und Begeisterung er Präses und Bezirkspräses in Düsseldorf war, und wer miterlebt hat, mit welcher Hingabe er den Wiederaufbau des Kolpingwerkes in den beiden ersten Nachkriegsjahren betrieben hat, kann den Opfermut dieses Mannes ermessen. Das Kolpingwerk schuldet ihm daher besonderen

Dank, weil er um der Einheit des Internationalen Kolpingwerkes willen dieses Opfer auf sich genommen und auch Ungerechtigkeiten von verschiedensten Seiten still ertragen hat.

Der Kölner Kolpingtag 1949

Als ein entscheidendes Ereignis für den gemeinsamen Neuaufbau des Internationalen Kolpingwerkes ist die Hundertjahrfeier der Kolpingsfamilie Köln-Zentral zu werten. Es hätte nahegelegen, diese Feier zum III. Internationalen Kolpingtag auszubauen. Mit Rücksicht auf die Zeitverhältnisse beschloß der Generalrat, davon Abstand zu nehmen. Auch ein „Deutscher Kolpingtag" kam aus diesem Grunde nicht in Betracht. So wurde dann zum „Kölner Kolpingtag 1949" eingeladen. Er stand unter dem Motto: *„Friede – Gerechtigkeit – tätige Liebe"*.

Die Vorbereitungen wie der Verlauf des „Kölner Kolpingtages 1949" fanden ein unerwartetes Interesse. Von großer Bedeutung für das gesamte weltweite Kolpingwerk war die internationale Kundgebung auf dem Kolpingtag, in deren Mittelpunkt die Ansprache von Generalsekretär Wothe stand. Er stellte in seiner Rede besonders die Internationalität des Kolpingwerkes heraus: „Wenn wir das Kolpingwerk heute als ein internationales Werk vor uns sehen, dann kommt darin nicht zum Ausdruck irgendein Führungsanspruch einer einzigen Nation, etwa jener, in der das Werk entstanden ist, kein Machtanspruch, um Völker zu erobern und Länder zu besetzen, sondern es kommt darin einzig und allein der innerste Wesenskern des Anliegens Kolpings und der

Träger seiner Bewegung zum Ausdruck: Das Kolpingwerk ist entweder international, oder es ist überhaupt nicht!"[131]

Der größte Erfolg des „Kölner Kolpingtages 1949" ist darin zu sehen, daß das Kolpingwerk nach der Zerreißprobe durch den Nationalsozialismus und infolge der Katastrophen des Zweiten Weltkrieges sowie durch die Führungskrise nach dem Kriege wieder über alle Grenzen hinweg zu einer familienhaften Gemeinschaft im Geiste Kolpings gefunden hatte. Das kommt nicht zuletzt im *„Kölner Manifest"* zum Ausdruck, das von der Deutschen Zentralversammlung beschlossen und von Generalsekretär Dr. Wothe verkündet wurde:

„Liebe Kolpingssöhne!

Hundert Jahre sind seit der Gründung der Kölner Kolpingsfamilie vergangen. Das Saatkorn, das Adolph Kolping am 6. Mai 1849 in die Herzen weniger senkte, hat vielfache Frucht getragen. Über die Grenzen unseres Vaterlandes hinweg konnte sich das Werk Kolpings ausbreiten und Segen stiften. Aus vielen Staaten und Ländern sind in den Pfingsttagen 1949 Kolpingssöhne nach Köln geeilt, um in der Gemeinschaft mit ihren Kolpingbrüdern aus Deutschland die Jahrhundertfeier des Werkes zu begehen.

Das Werk Adolph Kolpings hat an kraftvoller Gegenwartsbedeutung nichts eingebüßt. Dafür legen Zeugnis ab die drei Forderungen, die wir der ersten Programmschrift des Gesellenvaters ‚zur Beherzigung für alle, die es mit dem wahren Volkswohl gut meinen', entnommen und auf dem Kölner Kolpingtag in alle Welt hinausgerufen haben: Friede – Gerechtigkeit – Tätige Liebe!

Damit bekennt Ihr Euch zum größten Weltanliegen unserer Zeit: Es möge Friede werden! Friede aber kann nur werden, wenn Ihr mithelft, die inneren und äußeren

Voraussetzungen dafür zu schaffen. Friede kann nur denen zuteil werden, die guten Willens, die friedfertig und zufrieden sind. Wer nicht den inneren Frieden seines Herzens hütet, kann nicht zum äußeren Frieden unter den Menschen beitragen. – Ihr wißt, daß letztlich dieser Friede aus Gott kommt und nur dann der Welt geschenkt wird, wenn sie den Willen Gottes bejaht. Aus religiöser Grundhaltung verpflichtet Ihr Euch deswegen, am häuslichen, politischen und sozialen Frieden mitzuarbeiten. Wenn Ihr dazu beitragt, daß der Geist des Friedens in die Familien einkehrt, in die Werkstätten und Betriebe, in die Gemeinden und Länder, dann dürft Ihr hoffen, daß der Welt in ihrer heutigen Zerrissenheit der Friede geschenkt wird.

Der Friede erbaut sich sein Haus auf Gerechtigkeit und Liebe, den beiden Fundamenten wahrer Gesellschaftsordnung. Deshalb fordert Ihr *Gerechtigkeit*

für den Menschen in seiner persönlichen Würde, Freiheit und Ehre,
für Stämme und Stände in ihrem besonderen Schicksal und ihrer besonderen Eigenart,
für Staaten und Völker in ihrer verschiedenartigen Ausprägung und Bestimmung im Rahmen des Gemeinwohls.

Die ungerechte Aufspaltung der Gesellschaft in Klassen verschiedenen Wertes, die unwürdige Auflösung der Gesellschaft durch Vermassung aller Volksschichten bekämpft Ihr durch kraftvolle Vertretung der menschlichen Grundrechte auf Leben und Arbeit, auf persönliche Freiheit und wirtschaftliche Sicherstellung gesunden Familienlebens. Damit verpflichtet Ihr Euch insbesondere zur sozialen Gerechtigkeit, die das Zusammenleben der Menschen im Dienste des Gemeinwohls ordnet. Nur dann wird der Geist der Gerechtigkeit sich ausbreiten, wenn Ihr Euch durch Euer persönliches Leben und Arbeiten in Familien und Beruf, Geschäft und Betrieb, als Arbeitgeber und Arbeitnehmer, als Produzent und selbständiger Geschäftsmann oder als Verkäufer und Käufer vom Gebot jener Gerechtigkeit leiten laßt, die auch dann versucht, allen gerecht zu werden, wenn es auf Kosten des persönlichen Vorteils geht.

Die Gerechtigkeit wird beseelt durch den Geist der Nächstenliebe, wie Christus ihr im königlichen Gebot Ausdruck verliehen hat. Deswegen fordert Ihr die *tätige Liebe*, die für uns Christen die Wurzel unseres sozialen Handelns darstellt. Ihr bekennt Euch damit zu dem Grundsatz, daß die Nächstenliebe zwar keinen Ersatz für die fehlende Gerechtigkeit darstellt, aber die Kraft schenkt, Menschen zu bewegen, das Gebot der Gerechtigkeit zu erfüllen. Auch wißt Ihr, daß die Predigt zur Nächstenliebe in einer Welt voll Enttäuschung und Verbitterung, Haß und Feindschaft leeres Wortspiel bleibt, wenn sie nicht bezeugt wird durch das persönliche Beispiel. Darum helft Ihr freiwillig, wo immer Euch Not begegnet, wirkt Ihr beispielhaft durch persönliches Opfer in dem Kreise, in dem Ihr lebt, und dient völlig uneigennützig dem Nächsten, soweit die tatsächlich vorhandene Kraft ausreicht.

Eure Forderungen nach Friede, Gerechtigkeit und tätiger Liebe sind in erster Linie auf die Erziehungsarbeit der Kolpingsfamilie hin ausgerichtet; denn Ihr wißt, daß die erste Aufgabe der Kolpingsfamilie darin besteht, Erziehungsgemeinschaft zu sein. Aber es gilt in dieser Schicksalsstunde unseres Volkes, diese Forderungen auch in den Raum des öffentlichen Lebens zu tragen. Da die Gefahr besteht, daß unsere Forderungen, die die Grundlage eines menschenwürdigen Daseins aller Völker sind, durch Macht und Gewalt niedergetreten werden, rufen wir Euch auf, Euch auch nach außen hin mutig für dieselben einzusetzen, durch aktive Mitarbeit alle Bestrebungen und Einrichtungen zu unterstützen, die der Verwirklichung unserer gesellschaftspolitischen Ziele dienen.

'Wohlauf, Ihr Brüder! Rüstig ans Werk!
Die Zeit fordert Großes von uns.
Mitten in der Bewegung der Zeit bauen wir ein Haus des Friedens!
Keine wahre Liebe ohne Gerechtigkeit und keine Gerechtigkeit ohne wahre Liebe.' (Kolping)

Die Zentralversammlung der Deutschen Kolpingsfamilie

Köln, am 6. Juni 1949."[132]

Die innere Festigung des Internationalen Kolpingwerkes durch ein neues Generalstatut

Der Neuaufbau des Internationalen Kolpingwerkes, zu dem das „Kölner Manifest" aufrief, und der Strukturwandel, der sich in einigen Zentralverbänden vollzogen hatte, mußten auch im Generalstatut ihre Verankerung finden. Besonders die Ausweitung des Gesellenvereins zur Kolpingsfamilie, d.h. die Eingliederung von „Jungkolping" und „Altkolping" in das Kolpingwerk in Deutschland und anderen Ländern, erforderten eine Neufassung des Generalstatuts, das ja allen Zentralverbänden und Kolpingsfamilien gerecht werden sollte. Zudem mußte der Delegiertenschlüssel für die Teilnahme an der Generalversammlung neu festgelegt werden, da die Zahl der stimmberechtigten Mitglieder nach der bisherigen Regelung durch die Ausweitung des Kolpingwerkes ins Unermeßliche stieg.

Auf der XX. Generalversammlung in Köln vom 22. bis 25. September 1955 wurde der erste Entwurf eines neuen Generalstatuts beraten und einer internationalen Kommission zur Weiterbearbeitung übergeben. Die neue Fassung wurde zwar von der XXI. (außerordentlichen) Generalversammlung am 20. November 1957 in Köln im wesentlichen angenommen, aber nicht verabschiedet. Die Verabschiedung erfolgte erst auf der XXII. Generalversammlung vom 22. bis 25. August 1963 in Schwyz/Schweiz. Durch die Arbeit von drei Generalversammlungen war nun endlich ein Generalstatut vorhanden, das den gewandelten Verhältnissen angepaßt worden war und allen Kolpingsfamilien und Zentralverbänden im Internationalen Kolpingwerk gerecht wurde[133].

Wechsel in der Führung

Für Generalpräses Dr. Ridder hätte die Generalversammlung in Schwyz zum krönenden Abschluß seiner Wiederaufbauarbeit werden können. Aber aus Gesundheitsgründen mußte er vorzeitig am 30. Juni 1961 von seinem Amt zurücktreten. Am 4. Mai 1967 wurde er von Gott heimgerufen und auf dem Friedhof in Opladen-Lützenkirchen beigesetzt.

Generalpräses Dr. Bernhard Ridder trat 1948 ein schweres Amt an. Zuerst mußte er die innere Einheit im Internationalen Kolpingwerk wiederherstellen. Dann oblag ihm aber auch der innere und äußere Wiederaufbau des Kolpingwerkes, das durch die Folgen des Nazi-Regimes in Deutschland und des Zweiten Weltkrieges fast völlig darniederlag. Durch seine gradlinige und zielstrebige Führungsart ist ihm das zum Segen des Internationalen Kolpingwerkes gelungen. Besondere Verdienste hat er sich um den schnellen Wiederaufbau des Generalsekretariats und der Minoritenkirche erworben. Dabei hatte er in Geschäftsführer Karl Neimecke, der plötzlich im Alter von 54 Jahren am 5. Mai 1958 einer tückischen Krankheit erlag, und in dessen Nachfolger, Hans Schottenhammer, tüchtige Leute zur Seite.

Als Nachfolger im Amt des Generalpräses wählte der Familienrat am 5. Juli 1961 den Landespräses von Bayern, Heinrich Fischer. Ihm und seinem Generalsekretär Gerd Ritzerfeld, den er am 1. Dezember 1962 in dieses Amt berief, ist es zu verdanken, daß das Kolpingwerk nicht nur in Europa wieder zu neuem Glanz aufstieg, sondern auch in Übersee. Beide haben den Grundstein für die Ausbreitung des Kolpingwerkes in der Dritten Welt gelegt, vornehmlich in Südamerika.

Der III. Internationale Kolpingtag in Köln

Nachdem der Um- und Ausbau des Internationalen Kolpingwerkes durch das neue Generalstatut einheitlich für alle Zentralverbände festgelegt worden war, konnte man wieder an einen Internationalen Kolpingtag denken. Anlaß dazu bot der hundertste Todestag Adolph Kolpings am 4. Dezember 1965. So faßte der Generalrat den Beschluß, den „III. Internationalen Kolpingtag“ in Köln, wo Kolping gelebt und gewirkt hatte, vom 27. bis 30. Mai 1965 durchzuführen.

Unter dem Leitwort *„In Liebe gebunden – frei für die Welt“* sollte dieser III. Internationale Kolpingtag der

Selbstdarstellung des Internationalen Kolpingwerkes dienen und Impulse für die Arbeit nach innen und außen bis in jede Kolpingsfamilie hinein geben. Obgleich weder Beschlüsse gefaßt noch Resolutionen erlassen wurden, haben die Veranstalter dieses Ziel durch Vorträge, Predigten, Podiumsgespräche, Kundgebungen und vor allem auch durch gesellige Veranstaltungen erreicht. Mehr als 50000 Teilnehmer aus allen Ländern, in denen das Kolpingwerk vertreten ist, bemühten sich, das Werk Adolph Kolpings von seiner Grundidee her neu zu überdenken und den Menschen in einer technisierten Umwelt nahezubringen.

Hundert Jahre nach dem Tode Kolpings wurde Bilanz gezogen; nicht allein in Zahlen, sondern vor allem in der Aussage über das Selbstverständnis des Kolpingwerkes. So wurde der Kolpingtag nicht nur zu einer großen Schau nach außen, sondern auch zur Aufgabe und Sendung für die Arbeit des Kolpingwerkes in aller Welt.

Im Mittelpunkt der einzelnen Veranstaltungen stand die Bildungsaufgabe, die sowohl den Glauben als auch die weltlichen Bereiche in ihrer eigenen Gesetzlichkeit umfassen sollte. Darauf wies auch Papst Paul VI. in seiner Botschaft hin, die er im Anschluß an die Eucharistiefeier im Stadion über Tonband an die Teilnehmer richtete:

„Euch, liebe Kolpingssöhne, die ihr aus aller Welt gekommen seid, um des hundertsten Todestages des großen Volkserziehers und Sozialreformers Adolph Kolping zu gedenken, gilt Unser herzlicher Gruß. Ihr wollt euch damit zum Werk Kolpings bekennen, das heute Auftrag und Aufgabe besitzt wie in der Zeit seiner ersten Anfänge.

Ihr habt eure Tagung unter das Thema ‚In Liebe gebunden – frei für die Welt‘ gestellt und sagt damit aus, was Kolping zum Inhalt seines und eures Werkes machen wollte.

Das Kolpingwerk ist eine Erziehungsgemeinschaft, die sich frei in der Welt ausbreitet in einer Aktionsgemeinschaft. Eure Erziehungsgemeinschaft hat zum Ziel die Formung der Jugend, der Familie, des Volkes. Euer Merkmal ist, katholische Gemeinschaft zu sein. Eure Formung hat daher ihr Schwergewicht in der religiösen Bildung, von der ihr wißt, daß sie Grundlage jedes echten und wahrhaft glücklichen Lebens sein muß. Eure tiefe religiöse Überzeugung schenkt euch zugleich jene beglückende Sicherheit, die den Christen in dieser Welt auszeichnen soll. So ist das erste Anliegen eures Gründers, glaubensstarke Persönlichkeiten heranzubilden.

Ihr nennt eure Gemeinschaft ‚beseeltes Instrument der Kirche', das sich bewußt in ihr soziales Apostolat stellt. Solcher Dienst fordert persönliche Tüchtigkeit im Beruf, fordert die Pflege gesunden christlichen Ehe- und Familienlebens und ernste Verpflichtung der Einzelpersönlichkeit für Volk und Staat.

Die heutige pluralistische Gesellschaft erwartet mehr denn je hochherzige Einstellung zum Besten des Gemeinwohls, wie es euer Werk von jedem seiner Mitglieder verlangt.

Diese Gesinnung suchen Kolpingssöhne im eigenen täglichen Leben zu verwirklichen, in den Gemeinschaften eurer Vereine, in Hunderten Gesellenhäusern und Jugendheimen, in Jugendlagern und nicht zuletzt durch Unterstützung der Gastarbeiter oder durch Hilfen für berufliche Fortbildung in den Entwicklungsländern.

Allen diesen Werken liegt letzten Endes das Anliegen Kolpings zugrunde, die werktätig schaffende Welt in der Kraft und Liebe Christi zu erneuern. Dieser Geist möge in euch, geliebte Söhne, nach dem Treffen neu erstarken! Dazu erteilen Wir euch und euren Familien wie allen Kolpingssöhnen auf der weiten Welt von ganzem Herzen den Apostolischen Segen.“[134]

Der III. Internationale Kolpingtag in Köln hat viel dazu beigetragen, die familienhafte Gemeinschaft im Internationalen Kolpingwerk zu festigen und der Öffentlichkeit zu zeigen, daß das Kolpingwerk bereit und in der Lage ist, die Probleme und Aufgaben der Zeit in allen Ländern der Erde mit lösen zu helfen. Dafür wurden in Köln die Weichen gestellt.

Entwicklungshilfe als „Hilfe zur Selbsthilfe“ durch das Internationale Kolpingwerk

Vor dem Zweiten Weltkrieg sind aus den Reihen des Kolpingwerkes viele Handwerksgesellen in die Mission gegangen, um sich als Missionsbrüder in den Dienst der „Leibsorge“ zu stellen. Eine Aufgabe, auf die man sich nach dem Kriege wieder besann, nachdem Papst Pius XII. nachdrücklich die Mitarbeit der Laien gefordert hatte. Auf dem Fuldaer Katholikentag 1954 kam es in der Arbeitsgemeinschaft „Christliches Zeugnis bis an die Grenzen der Erde“ nach einer eingehenden und teilweise recht leidenschaftlich geführten Diskussion um die Frage, ob Laien, vor allem wenn sie nicht Mitglieder von Missionsgesellschaften sind, überhaupt in den Missionsgebieten eingesetzt werden sollten, zu folgender Entschließung:

„Überzeugt von der Notwendigkeit der Mitwirkung katholischer Laien in den Missionen und im Geiste der Weisungen der Enzyklika ‚Evangelii Praecones‘, empfiehlt die Arbeitsgemeinschaft die Schaffung einer deutschen Institution für die Ausbildung und Betreuung qualifizierter Laienkräfte.“[135]

1956 wurde im Arbeitskreis „Internationale Arbeit“ des Kölner Katholikentages wiederum das Thema „Vorbereitung und Erfassung qualifizierter Fachkräfte für die Entsendung in Entwicklungsländer“ zuerst in einem Referat, dann ausführlich in einer Diskussion behandelt. Das Ergebnis wurde in folgender Resolution zusammengefaßt:

„Für zahlreiche Nationen, insbesondere Asiens, Afrikas und Südamerikas, ist die wirtschaftliche Entwicklung ihrer Länder eine Notwendigkeit, um ihrer zunehmenden Bevölkerung menschenwürdige Lebensbedingungen zu schaffen und ihre sozialen Verhältnisse zu bessern. Wir erkennen es daher als unsere Verpflichtung an, im Geiste christlicher Bruderliebe mit ihnen an diesen Aufgaben zusammenzuarbeiten.

Die von uns erwartete Hilfe besteht vor allem in der Entsendung qualifizierter Fachkräfte in den verschiedenen Bereichen, insbesondere der Wirtschaft, Technik, Pädagogik und des Gesundheitswesens. Die im Arbeitskreis ‚Internationale Arbeit‘ Versammelten waren der Ansicht, daß dem Wunsch auf Verfügungstellung solcher Fachkräfte soweit wie möglich entsprochen werden sollte, und daß diese Kräfte über das Fachliche hinaus auf ihre Aufgaben, die ihnen als Christen in diesen Entwicklungsländern erwachsen, vorbereitet werden.

Um eine Zersplitterung dieser Kräfte zu vermeiden, wird die Arbeit der an diesen Aufgaben interessierten katholischen Verbände und Organisationen an einer Stelle zusammengefaßt werden müssen. Diese Stelle soll in enger Fühlungnahme mit den staatlichen Stellen und Organisationen der Wirtschaft arbeiten. Zur Vorbereitung von Fachkräften auf ihre Aufgaben als Katholiken in den Entwicklungsländern werden Kurse einzurichten sein.“[136]

Das Kolpingwerk griff als erste Organisation diese Forderungen auf. In Zusammenarbeit mit dem „Deutschen Aussätzigen-Hilfswerk“ (DAHW) in Würzburg wurden von Mai bis August 1958 in Würzburg acht Kolpingssöhne aus verschiedenen Berufen auf ihren Einsatz in Äthiopien vorbereitet, wo sie eine Leprastation aufbauen sollten. In der Septemberausgabe des Kolpingblattes heißt es: „In den Morgenstunden des 14. August standen acht junge Männer dicht um den Altar des Benediktinerklosters in Münsterschwarzach. Sie gaben Christus das Versprechen, hinauszugehen zu den Ärmsten der Armen ... Drei Monate haben sich die Kolpingssöhne, unter Anleitung erfahrener Benediktiner, auf die Arbeit in der Mission und auf die Tropen vorbereitet. Nun sind sie bereit hinauszugehen und ihren Auftrag zu erfüllen. Für drei Jahre haben sie sich verpflichtet. Sicherheit und Geborgenheit lassen sie zurück, um in Äthiopien eine Leprastation zu bauen.“[137]

Vom 21. September bis 30. November 1959 fand in Steyl ein zweiter Vorbereitungslehrgang für acht junge Handwerker aus dem Kolpingwerk statt. Ihr Einsatzgebiet war Malawi (Nyassaland), wo sie zusammen mit einheimischen Partnern drei Schulen und ein katholisches Zentrum bauen sollten[138].

Ein weiterer Kurs für Entwicklungshelfer, die in Zaire und in Tansania eingesetzt werden sollten, wurde vom 1. Oktober 1959 bis 15. April 1960 ebenfalls in Steyl durchgeführt. Neun Handwerker aus dem Kolpingwerk nahmen daran teil.

Karl Osner, Gründungsgeschäftsführer der Arbeitsgemeinschaft für Entwicklungshilfe (AGEH) und jetzt Ministerialdirigent im Bundesministerium für wirtschaftliche Zusammenarbeit (BMZ), sagt zur Geschichte des katholischen Entwicklungsdienstes: „Als in den Jahren 1958/59 katholische Verbände und Organisationen die Gründung einer ‚Arbeitsgemeinschaft für Entwicklungshilfe‘ überlegten, war die erste Entwicklungsdekade der Vereinten Nationen noch nicht angebrochen und auch ein Bundesministerium für wirtschaftliche Zusammenarbeit gab es noch nicht. Die entwicklungspolitische Aufgabenstellung, die organisatorische Struktur einer solchen Arbeitsgemeinschaft und die Methoden der Vorbereitung von Entwicklungshelfern hatten weder nationale Vorbilder, noch waren ihr durch konkrete übernationale Planungen Stützen gegeben, es sei denn die Strukturen kirchlichen Wirkens in der Ersten und Dritten Welt.“[139]

Arbeitsgemeinschaft für Entwicklungshilfe (AGEH)

Das Kolpingwerk darf für sich in Anspruch nehmen, daß es nach dem Kriege als eine der ersten Organisationen systematisch Entwicklungshilfe geleistet hat. Denn auch die Aktion „Misereor“, die von Kardinal Frings auf der Bischofskonferenz 1958 in Fulda ins Leben gerufen wurde, wurde zum erstenmal in der Fastenzeit 1959 durchgeführt. Im Bereich der personellen Entwicklungshilfe war das Kolpingwerk der Schrittmacher und hat die wesentlichen Voraussetzungen für die Gründung der AGEH geschaffen. Das geht aus dem „Bericht über die Entwicklung der Arbeitsgemeinschaft für Entwicklungshilfe seit ihrer Gründung im November 1959“ hervor:

„Mit einer Baugruppe, die die Kolpingsfamilie in den Kongo (Zaire) schicken wollte, und mit einer anderen für die großen Projekte von Bischof Blomjous in Tanganyika (Tanzania), die aus den Mitteln der Fastenaktion (Misereor) ermöglicht wurden, wurde der Anfang gemacht. Es wurden dringend 9 Bauleute gesucht. Noch vor Weihnachten konnten in einem Auswahlkurs Bewerber ausgewählt werden, die zur Vorbereitung einige Monate in Steyl waren und später nach Köln kamen.“[140]

Am 25. November 1959 wurde in Köln die AGEH gegründet. 39 katholische Organisationen haben sich darin zu einer gemeinsamen Aktion für die Entwicklungshilfe verbunden. Dazu schreibt Karl Osner in dem oben erwähnten Aufsatz:

„In der Ausgangslage von 1959 bildete die AGEH-Struktur die Föderation von 39 Einzelinitiativen im katholischen Bereich: etwa durch das Deutsche Kolpingwerk, den Bund der deutschen katholischen Jugend, die Katholische Landjugendbewegung, den Deutschen Caritasverband, das Zentralkomitee der deutschen Katholiken und der im Zusammenhang mit dem Aufbau des Werkes Misereor sichtbar werdende größere Personalbedarf für die Projekte in Übersee. Diese Förderung der Einzelinitiativen und das pragmatische Prinzip der Arbeitsteilung, einer örtlich von den Vorbereitungsstätten getrennten Geschäftsstelle die zentralen Dienste zu übertragen und die Vorbereitung den damals initiativ gewordenen Mitgliederorganisationen mit vier nach Berufsgruppen gegliederten Vorbereitungsstätten, bildeten die Grundlage der organisatorischen Struktur der AGEH. Eine sehr folgenschwere Entscheidung, wie die weitere Entwicklung zeigen sollte.“[141]

Zum Gründungsvorsitzenden der AGEH wählten die Mitglieder Pater Paul Koppelberg CSSp, Präsident des Kindermissionswerkes; Hans Schottenhammer, Geschäftsführer des Kolpingwerkes, wurde Zweiter Vorsitzender. Zum Geschäftsführer der AGEH berief die Versammlung einstimmig Herrn Assessor Karl Osner. Sitz des Vereins und zugleich Geschäftsstelle war die jetzige Wohnung des Generalpräses des Kolpingwerkes, Helenenstraße 11[142].

Die nach Berufsgruppen getrennten Kurse wurden zunächst in vier Vorbereitungsstätten durchgeführt: handwerklich-technische und kaufmännische Berufe im „Institut für Entwicklungshelfer“ (Träger: Deutsche Kolpingsfamilie), das am 15. Mai 1960 im Theodor-Hürth-Haus in Köln-Deutz eröffnet wurde und ab 1967 im Johann-Gregor-Breuer-Haus in Köln-Deutz untergebracht war; landwirtschaftliche Berufe in der „Deutschen Landjugendakademie Klausenhof“ (Träger: Katholische Landjugendbewegung, Dingden); soziale Berufe im „Seminar für Sozialarbeit in Übersee“ (Träger: Deutscher Caritasverband, Freiburg) und Akademiker im „Institut zur Vorbereitung von akademischen Mitarbeitern für Entwicklungsländer“ in Bensberg (für das ein eigener e. V. gegründet wurde).

Im Jahre 1965 wurde die Geschäftsstelle der AGEH von Köln nach Aachen verlegt. Nach mehr als zehnjähriger Arbeit wurde seit dem Frühsommer 1970 unter aktiver Beteiligung des Kolpingwerkes bei der AGEH Bilanz gezogen und Grundsätze für die Arbeit in der zweiten Entwicklungsdekade formuliert. Die Bedarfsfeststellung in Übersee, Projektauswahl, die Auswahl der Bewerber und ihre Vorbereitung sowie die Verwaltung, die bisher auf fünf Stellen verteilt waren, wurden zu Beginn des Jahres 1973 in einem Zentrum vereinigt. Das Kolpingwerk hat dazu in Köln-Deutz das Philipp-Schlick-Haus (das frühere Kolping-Bildungs-Zentrum) und das Johann-Gregor-Breuer-Haus zur Verfügung gestellt. Seit dieser Zeit gehört der Verfasser dieses Buches dem Vorstand der AGEH an.

Am 25. November 1979 bestand die AGEH als ältester und zweitgrößter Entwicklungsdienst in der Bundesrepublik Deutschland zwanzig Jahre. Seit ihrer Gründung haben über 2500 Fachkräfte in mehr als sechzig Ländern der Erde „Starthilfe zur Selbsthilfe“ gegeben. Dazu hat das Internationale Kolpingwerk einen ganz entscheidenden Beitrag geleistet.

Aktion Brasilien

Ein zweiter Meilenstein bei den Bemühungen des Kolpingwerkes im Bereich der Entwicklungshilfe war der Start der „Aktion Brasilien“ auf der XXIII. Generalversammlung des Internationalen Kolpingwerkes vom 11. bis 16. Juni 1968 in Salzburg. Die Delegierten der Generalversammlung beschlossen, alle Bemühungen im Bereich der Entwicklungshilfe zu konzentrieren, um eine größtmögliche Effektivität zu erzielen. Bis zu diesem Zeitpunkt hatten zahlreiche Kolpingsfamilien, Diözesan- und Zentralverbände in den verschiedensten Teilen der Welt Entwicklungsprojekte unterstützt. Obwohl diese Projekte alle in sich sehr sinnvoll waren, stellte sich doch bald heraus, daß eine unkonzentrierte Entwicklungshilfe nach dem berühmten „Gießkannen-Prinzip“ keinen durchschlagenden Erfolg haben würde. Mit dem Beschluß der Generalversammlung in Salzburg war eine zweifache Spezialisierung verbunden:

1. Sachliche Spezialisierung

Die Möglichkeiten einer sinnvollen Arbeit im Bereich der Entwicklungshilfe sind so groß, daß unbedingt entschieden werden mußte, in welchem Bereich die besonderen Anstrengungen des Kolpingwerkes ansetzen sollten. Aufgrund der geschichtlichen Entwicklung unseres

Verbandes, aber auch aufgrund der besonderen Notwendigkeit in der Dritten Welt, entschied sich das Kolpingwerk damals dafür, den eindeutigen Schwerpunkt seiner Bemühungen auf den Bereich der handwerklichen Berufsausbildung zu legen.

2. Räumliche Spezialisierung

Aber selbst diese sachliche Spezialisierung war nicht ausreichend, um eine sinnvolle Konzentration der Hilfe herbeizuführen. Sie mußte ergänzt werden durch eine räumliche und geographische Spezialisierung. Nach sorgfältigen Überlegungen wurde diese Frage so entschieden, daß sich alle Entwicklungshilfeleistungen zunächst erst einmal auf Brasilien konzentrieren sollten.

Brasilien bot sich aus verschiedenen Gründen für eine solche Entscheidung an:

a) Die geographische Größe des Landes (35mal so groß wie die Bundesrepublik Deutschland) ergab ausreichende Ansatzpunkte für den Beginn der Berufsbildungsarbeit des Kolpingwerkes.

b) Brasilien ist ein Land, welches am Übergang vom Agrarstaat zum Industriestaat steht. Diese Entwicklungsstufe läßt die Nachfrage nach handwerklich qualifizierten Fachkräften besonders stark anwachsen und garantiert damit, daß alle in den Berufsbildungskursen ausgebildeten Personen anschließend in ein Arbeitsverhältnis vermittelt werden können.

c) In Brasilien war eine funktionsfähige Kolpingsfamilie ansässig, die beim Beginn der Ausbildungsmaßnahmen und bei der Entscheidung über die einzuschlagenden Wege Hilfestellung geben konnte[143].

Wie sinnvoll diese Entscheidung der damaligen Generalversammlung war, zeigt die Tatsache, daß bisher über 40 Berufsausbildungsprojekte aufgebaut werden konnten, in denen jährlich mehr als 6000 junge Menschen eine qualifizierte fachliche Ausbildung erhalten. Damit ist das Kolpingwerk in Brasilien heute schon der drittstärkste Träger für berufliche Ausbildung und der größte freie Träger in der Berufsbildung.

Die Angebote des Kolpingwerkes für Berufsbildungsmaßnahmen richten sich einerseits an die Bewohner in den Slums am Rande der Großstädte und andererseits an die Menschen im Landesinneren, wo keine Industrie vorhanden ist.

Bei den Bewohnern in den Slumgebieten handelt es sich vorwiegend um Menschen, die aus dem Landesinneren in die Industriestädte kommen, um hier Arbeit und Unterhalt zu finden. Obgleich die Industrie Arbeitskräfte braucht, finden sie keine Arbeit, weil ihnen die fachliche Ausbildung fehlt. Und falls sie dennoch eine Anstellung erhalten, bekommen sie nur den gesetzlichen Mindestlohn, von dem eine Familie nicht leben kann. Aus diesem Grunde bietet das Kolpingwerk Ausbildungsmöglichkeiten an, in denen junge Leute wie ältere in Halbjahres- oder Jahreskursen eine fachliche Ausbildung in den verschiedensten Berufszweigen erhalten, die es ihnen ermöglicht, in ein ordentliches Arbeitsverhältnis einzutreten. Damit bekommen sie dann auch den Facharbeiterlohn, mit dem sie eine Familie ernähren können und auch in die Lage versetzt werden, sich ein Haus zu bauen oder wenigstens in geordneten Verhältnissen zu wohnen.

Im Landesinneren verfolgen die Kurse des Kolpingwerkes einen anderen Zweck. Da geht es nicht so sehr darum, berufliche Grundkenntnisse zum Facharbeiter in der Industrie zu vermitteln, sondern hier ist es das Ziel, selbständige Handwerksmeister heranzubilden, die einen eigenen Betrieb eröffnen, der wiederum Ausbildungs- und Arbeitsplätze schafft. Auf diese Weise will das Kolpingwerk mithelfen, einen handwerklichen Mittelstand aufzubauen, um dadurch die Landflucht zu stoppen.

Über diese Facharbeiter- und Berufsausbildung konnten seit 1968 etwa fünfzig „Comunidades Kolping“ (Kolpinggemeinschaften) in Brasilien aufgebaut werden. Weitere befinden sich im Aufbau. Darüber hinaus liegen aus allen Landesteilen Anträge für weitere Projekte und Gründungen von Kolpingsfamilien vor.

Mit der Einrichtung der Projekte und der Gründung von Kolpingsfamilien wurde zugleich aber auch die Gemeindearbeit aktiviert, oder es wurden dadurch ganz neue Gemeinden aufgebaut. Denn die Arbeit des Kolpingwerkes und der einzelnen Kolpingsfamilien beschränkt sich nicht nur auf die berufliche Ausbildung, sondern erstreckt sich auch auf Katechese, ehevorbereitende und elternbegleitende Bildungsarbeit sowie auf die gesamte Gemeindepastoral und Allgemeinbildung. So sind die Kolpingsfamilien in vielen Gemeinden und Städten in Brasilien ein tragendes Fundament der gesamten Gemeindearbeit.

Unter entwicklungspolitischen Gesichtspunkten hat die „Aktion Brasilien“ vor allen Dingen deshalb eine solche Bedeutung gewonnen, weil die in Brasilien verwirklichte Arbeit in mehrfacher Hinsicht einen interessanten entwicklungspolitischen Beitrag darstellt. Zum einen wird durch den Aufbau von vielen Kolpingsfamilien die Möglichkeit geschaffen, die Selbsthilfekräfte an vielen Orten zur gleichen Zeit zu fördern und zu stärken. Darüber hinaus kann durch den Zusammenschluß der örtlichen Kolpingsfamilien zu Regionalverbänden und zu einem Nationalverband das Kolpingwerk in Brasilien etwas anbieten, was bei vielen anderen Nichtregierungsorganisationen fehlt, eine „Struktur“. Diese „Struktur“

faßt bestimmte Zielgruppen, die nach der gleichen Methode arbeiten, die untereinander in Verbindung stehen und die auf der gleichen Wertbasis arbeiten, zusammen und erreicht dadurch ein größeres gesellschaftspolitisches Gewicht. Ein weiterer interessanter entwicklungspolitischer Gesichtspunkt ist die Größe des Kolpingwerkes und die regionale Streuung in Brasilien. Dies ermöglicht es auch, weitreichendere Programme zu verwirklichen, die über die Bedeutung von Einzelprojekten hinausgehen und für die Entwicklung des Landes oder einer Region von großer Bedeutung sein können.

Die „Aktion Brasilien“ war nur deshalb so erfolgreich, weil sie mit ihren Angeboten auf Menschen traf, die darauf dringend warteten und sie daher auch begierig aufgriffen. Sie wurden inzwischen in Südamerika auf Argentinien, Chile, Mexiko und Bolivien ausgedehnt. Im einzelnen wird darauf später eingegangen, wenn über das Kolpingwerk in diesen Ländern speziell gesprochen wird. Die „Aktion Brasilien“ hat gezeigt, was durch gemeinsames Vorgehen erreicht werden kann.

Die Ausbreitung des Kolpingwerkes in der Dritten Welt

Die Entwicklung im Internationalen Kolpingwerk, besonders im Hinblick auf die Dritte Welt, machte eine Überarbeitung des Generalstatuts erforderlich. Darum wurde nicht der fünfjährige Turnus eingehalten, sondern schon vorzeitig zur XXIV. Generalversammlung in Köln vom 21. bis 22. Mai 1971 eingeladen. Den Abschluß sollte am 23. Mai 1971 die Einweihung des „Kolpinghaus International“ bilden.

Mit zwei Schwerpunktthemen hatten sich die Delegierten zu befassen: „Das neue Generalstatut" und „Die berufliche Bildung und berufliche Mobilität". Auf der Generalversammlung in Salzburg 1968 waren diese Themen festgelegt und eine Satzungskommission für die Überarbeitung des Generalstatuts bestimmt worden.

Bei der Neufassung der Statuten ging es besonders darum, das Wesen des Internationalen Kolpingwerkes und seine Ziele und Aufgaben genau festzulegen. Dazu heißt es im Statut: „Das Internationale Kolpingwerk ist die von Adolph Kolping gegründete katholische, familienhafte Lebens-, Bildungs- und Aktionsgemeinschaft. Es gliedert sich in örtliche Kolpingsfamilien und deren Zusammenschlüsse in Regional- und Zentralverbänden."

Als Ziel und Aufgabe wurde formuliert: „Das Kolpingwerk will seine Mitglieder befähigen, sich als Christen in der Welt und damit im Beruf, in Ehe und Familie, in Kirche, Gesellschaft und Staat zu bewähren; seinen Mitgliedern und der Gesellschaft Lebenshilfen anbieten; durch die Aktivität seiner Mitglieder und seiner Gruppierungen das Gemeinwohl im christlichen Sinne fördern und an der ständigen Erneuerung und Humanisierung der Gesellschaft mitwirken."

Eine wesentliche Veränderung erfuhr das bisherige Statut durch die Neufassung der Führungsgremien und der Festlegung des Delegiertenschlüssels für die Mitglieder der Generalversammlung. Dabei wurden auch die Wahl und Amtszeit des Generalpräses neu geregelt. Dazu heißt es im neuen Statut: „Der Generalpräses wird vom Generalrat auf zehn Jahre gewählt. Wiederwahl ist jeweils für fünf Jahre möglich."[144]

Eingehend befaßte sich die Generalversammlung mit den Fragen der Berufsausbildung und vor allem mit der beruflichen Mobilität, die die technische Entwicklung mit sich bringt. Damit setzte sich der Direktor der Außenstelle Deutschland des internationalen Arbeitsamtes in Genf auseinander. Er forderte das Internationale Kolpingwerk zu verstärkter Berufsbildung auf: „Berufsbildung und berufliche Mobilität sind eng verbunden. Ohne Angebot entsprechender beruflicher Bildungsmöglichkeiten wird sich der Arbeitnehmer bei wesentlichen Wandlungen nicht anpassen können. Die Möglichkeit späterer Anpassung sollte bei der ersten Berufsausbildung durch breite Grundlage und Förderung der Denk- und Lernfähigkeiten erleichtert werden.“[145]

Ein Haus des Friedens

Die XXIV. Generalversammlung fand ihren Höhepunkt in der Einweihung des „Kolpinghaus International“ am 23. Mai 1971. Alle Ansprachen und ein eigens geschaffenes Sprechspiel standen unter dem Leitwort Kolpings: „Mitten in der Bewegung der Zeit bauen wir ein Haus des Friedens, pflanzen das Kreuz auf den Giebel und Gottes Segen wird darin weilen.“[146] Kardinal Höffner, der die Weihe vornahm, betonte in seiner Predigt: „Der Friede verlangt die Tat, die Hilfe für andere. Das Kolpingwerk will die Liebe in aller Welt lebendig machen.“[147]

Dieser Forderung ist das „Kolpinghaus International“ bisher gerecht geworden. 220 junge Menschen aus allen Völkern und Rassen finden hier eine Unterkunft und gezielte Bildungs- und Freizeitangebote. Als ein echtes Begegnungszentrum dient das Haus der Völkerverständigung und damit dem Frieden in der Welt.

Wachablösung

Die Fertigstellung und Einweihung des „Kolpinghaus International“ waren ein krönender Abschluß der vielfältigen Aufgaben von Generalpräses Prälat Heinrich Fischer. Elf Jahre hat er das Internationale Kolpingwerk geleitet. Von der Festsetzung der Amtszeit des Generalpräses auf zehn Jahre im neuen Generalstatut machte er als erster Gebrauch und trat deshalb am 19. März 1972 von seinem Amt zurück, um als Stiftspropst in Landshut in der Seelsorge zukünftig tätig zu sein. Am Tage zuvor war der Diözesanpräses von Paderborn, der Verfasser dieser Schrift, Msgr. Heinrich Festing, zum Generalpräses des Internationalen Kolpingwerkes und damit zum siebten Nachfolger Kolpings gewählt worden.

Neben dem Aufbau der Minoritenkirche und des „Kolpinghaus International“ sowie anderen baulichen Maßnahmen fiel in die Amtszeit von Generalpräses Fischer der Bau mehrerer Familienferienheime. Ihm ging es aber nicht zuerst um den Wieder- oder Neuaufbau von Häusern, sondern vielmehr um den inneren Wiederaufbau des Deutschen und Internationalen Kolpingwerkes. Dafür hat er sich große Verdienste erworben.

Mit Generalpräses Prälat Heinrich Fischer trat auch Generalsekretär Gerd Ritzerfeld am 30. Juni 1973 von seinem Amt zurück. In den ersten Jahren seiner Amtszeit war er sowohl Deutscher Zentralsekretär als auch Generalsekretär des Internationalen Kolpingwerkes. Im Deutschen Zentralverband hat er neue Akzente gesetzt für die Verwirklichung der sozialen und gesellschaftspolitischen Aufgaben des Kolpingwerkes. Auf internationaler Ebene sah er seine Hauptaufgabe in der Mitarbeit des Kolpingwerkes beim Aufbau eines vereinten Europas und in der Ausbreitung des Kolpingwerkes in der Dritten Welt. Er war der Wegbereiter für die „Aktion Brasilien“. Zu seinem Nachfolger wurde Hubert Tintelott aus Bad Lippspringe am 1. Dezember 1973 berufen.

Mit der Wahl des Generalpräses waren zugleich auch die Wahlen des Zentralpräses und des Zentralvorsitzenden des Deutschen Zentralverbandes verbunden. Gemäß dem Generalstatut und dem Statut des Kolpingwerkes Deutscher Zentralverband wählte die Versammlung Msgr. Heinrich Festing auch zum deutschen Zentralpräses und den bisherigen Zentralsekretär Dr. Paul Hoffakker, der dieses Amt bisher ehrenamtlich ausgeübt hatte, zum ersten Zentralvorsitzenden des Kolpingwerkes Deutscher Zentralverband. Als Nachfolger für Dr. Hoffacker als Zentralsekretär wurde später vom Deutschen Zentralvorstand Dr. Michael Hanke berufen, der dieses Amt hauptamtlich übernahm.

Es werde Europa

Neben der Entwicklungshilfe für die Dritte Welt und der Ausbreitung des Kolpingwerkes in diesen Ländern sah sich das Internationale Kolpingwerk zu Beginn der siebziger Jahre auch in besonderem Maße verpflichtet, am Aufbau eines vereinten Europas mitzuarbeiten. Einen besonderen Anstoß gab dazu die XXIII. Generalversammlung in Salzburg, die folgende Proklamation verfaßte und verabschiedete:

„Die Jugend der Völker ist in Bewegung geraten. Bewegung jedoch bedarf eines Zieles. Soll die Richtung auf eine von Freiheit und Frieden bestimmte Menschheitsgemeinschaft nicht verfehlt werden, muß jetzt energisch verwirklicht werden: die Völkergemeinschaft Europas als unausweichliche Zwischenstufe zu internationaler und interkontinentaler Solidarität.

Eine von den Katastrophen der Vergangenheit und Gegenwart erregte Jugend sucht, jenseits von Nationalismus und Kommunismus, jenseits von Klassen- und Rassen-Gegensätzen, eine organisch gewachsene, von brüderlichem Geist erfüllte Gemeinschaft. Organisch gewachsen: Familien-, Stamm- und Nation-Gemeinschaften müssen zu Völkergruppen und zur Menschheitsgemeinschaft reifen. Von brüderlichem Geist erfüllt: Brüder sind, die einen gemeinsamen Vater haben, ob sie ihn kennen oder nicht.

Demgemäß gilt unser Appell zunächst der christlichen Jugend Europas: überwinden wir konkret und konsequent den Widerspruch zwischen christlicher Lehre und unserem Leben. Zum gemeinsamen Werk aber rufen wir auch – ohne Unterschied der Nation und der Konfession – alle, die sich leidenschaftlich für die persönliche Freiheit, für die soziale Gerechtigkeit und für die internationale und interkontinentale Solidarität entschieden haben.

Wir fordern die Verantwortlichen der Jugend (Verbände und Bewegungen) zu einem baldigen, sachlichen Gespräch auf, um nüchtern und kühn eine Zukunft zu entwerfen, deren nächste Phase heißt: Es werde Europa!“[148]

Eine Reihe von „Europatagen“ in einzelnen Zentral- und Diözesanverbänden, auf denen diese Gedanken vertieft und in die Tat umgesetzt wurden, waren ein Erfolg dieser Proklamation. Zudem wurde eine stärkere Mitarbeit des Internationalen Kolpingwerkes in europäischen Gremien angestrebt und auch erreicht. Es wurde dem Internationalen Kolpingwerk am 11. März 1974 der Konsultativstatus beim Europarat verliehen.

Internationaler Jugendkongreß

Mit der XXV. Generalversammlung vom 19. bis 22. Mai 1977 in Luzern/Schweiz war ein Internationaler Jugendkongreß verbunden unter dem Motto: *„Mit Kolping die Zukunft gestalten“*. So international wie diese Veranstaltung war noch keine Generalversammlung. Delegierte aus dreizehn Ländern, die 250000 Mitglieder aus achtzehn europäischen und überseeischen Ländern vertraten, nahmen daran teil.

Die rund 750 jugendlichen Delegierten diskutierten über die Situation junger Christen in Ehe und Familie, in Arbeit und Beruf, in Gesellschaft und Staat. Am Ende des Kongresses standen keine Resolutionen und Beschlüsse, die nach ihrer Veröffentlichung häufig schnell vergessen werden, sondern erarbeitete Ergebnisse, die in die Arbeit der einzelnen Zentralverbände und Kolpingsfamilien einfließen sollten[149].

Entwicklungsprojekte für Afrika

Auf der Generalversammlung wurde unter anderem ein Beschluß darüber gefaßt, daß die entwicklungspolitischen Aktivitäten des Internationalen Kolpingwerkes auch auf Afrika ausgedehnt werden sollen. Mit Unterstützung der Kolpingsfamilie Johannesburg/Krügersdorf, die den Antrag gestellt hatte, sollte zunächst ein Jugendzentrum als Begegnungsstätte in einem farbigen Viertel von Johannesburg für schwarze und weiße Jugendliche geschaffen werden. Darüber hinaus lagen Anträge für Berufsbildungsprojekte aus anderen afrikanischen Ländern vor, von denen noch später die Rede sein wird.

Die XXV. Generalversammlung vom 19. bis 22. Mai 1977 in Luzern/Schweiz dürfte die letzte gewesen sein, auf der die Delegierten sich allein der deutschen Sprache als Konferenzsprache bedienten. Durch die Ausbreitung des Internationalen Kolpingwerkes auf Länder in Südamerika und Afrika sowie auf Indien und andere wird man in Zukunft auch die Sprachen dieser Länder bei internationalen Zusammenkünften berücksichtigen müssen. Die XXVI. Generalversammlung vom 20. bis 23. Mai 1982 in Innsbruck wird dafür die Probe aufs Exempel werden.

Struktur und Aufbau des Internationalen Kolpingwerkes

Wenn das Internationale Kolpingwerk im Laufe seiner Geschichte allen Widerständen trotzte und sich auch von schwersten Rückschlägen, wie z. B. durch den Ersten Weltkrieg, durch das Nazi-Regime in Deutschland und durch den Zweiten Weltkrieg, schnell wieder erholte und zu neuer Blüte emporwuchs, dann sind dafür drei Gründe ausschlaggebend: Das Kolpingwerk hat sich immer an der Person Adolph Kolpings orientiert, in dem es nicht nur den Gründer des Gesellenvereins sieht, sondern gleichsam auch den Motor, der dem Kolpingwerk heute noch seine Spiritualität und Wirkkraft gibt. Entscheidend ist weiter, daß Kolping seiner Gemeinschaft ein Programm gegeben hat, das zeitlos und überall gültig ist, weil es den Menschen in allen Lebensbereichen erfaßt. Schließlich hat das Kolpingwerk als „familienhafte Gemeinschaft“ eine Struktur, die heute alle Altersschichten, Stände, Rassen und Völker in sich vereinen kann. Das ist auch der Grund dafür, daß sich das Kolpingwerk zur Zeit sehr segensreich sowohl in Europa als auch in der Dritten Welt ausbreitet.

Bevor auf die einzelnen Kolpingsfamilien und Zentralverbände in den einzelnen Ländern, in denen das Kolpingwerk heute vertreten ist, eingegangen wird, soll an dieser Stelle die Struktur und der Aufbau des Internationalen Kolpingwerkes aufgezeigt werden. Eine Graphik soll dies veranschaulichen.

Gliederungen

Basis der Arbeit im Kolpingwerk ist die *örtliche Kolpingsfamilie,* die in der Regel auf Pfarrebene besteht. Mehrere benachbarte Kolpingsfamilien bilden den *Bezirksverband,* die Bezirke und damit die Kolpingsfamilien innerhalb eines Bistums bilden den *Diözesanverband.* Ein *Zentralverband* kann in jedem politisch selbständigen Land gegründet werden, wo wenigstens fünf Kolpingsfamilien existieren. Alle Zentralverbände sowie die Kolpingsfamilien in den Ländern, in denen kein Zentralverband besteht, bilden zusammen mit den Einzelmitgliedern das *Internationale Kolpingwerk.*

Wo die Situation es erfordert, können über die dargestellten Ebenen hinaus noch weitere Gliederungen vorgenommen werden, beispielsweise in Kreisverbände, Regionalverbände oder Landesverbände. Die Einrichtung und Organisation solcher Gliederungen liegt in der Zuständigkeit der Diözesanverbände bzw. des Zentralverbandes.

Für alle Kolpingsfamilien ist das Ortsstatut verbindlich, das von der Zentralversammlung beschlossen wird. Die Satzungen der Bezirksverbände und der weiteren regionalen Untergliederungen bedürfen der Zustimmung des Diözesanverbandes, die Satzungen der Diözesan- und Landesverbände bedürfen der Zustimmung des Zentralverbandes. Das Zentralstatut seinerseits bedarf der Genehmigung durch das Generalpräsidium des Internationalen Kolpingwerkes, das auch die Satzungen der Kolpingsfamilien zu genehmigen hat, die keinem Zentralverband angehören.

Leitung

Wenn auch in den einzelnen Zentralverbänden gewisse Unterschiede in der Leitungsstruktur bestehen, so gibt es doch bestimmte Grundelemente der Leitungsstruktur, die auf allen Ebenen und für alle Zentralverbände verbindlich sind. Wesentliche Grundelemente dieser Art sind das Vorhandensein der Versammlung als Beschlußorgan und des Vorstandes als Leitungsorgan. Die Versammlung besteht auf örtlicher Ebene aus der Gesamtheit aller Mitglieder, auf den überörtlichen Ebenen aus den Vertretern der Mitglieder der einzelnen Ebenen, die sie vertreten. Auf überörtlicher Ebene kann es angebracht und erforderlich sein, daß innerhalb des Vorstandes ein Präsidium als geschäftsführender Vorstand gebildet wird.

Dem Vorstand der jeweiligen Ebenen, der nach den Bestimmungen des Zentralverbandes gebildet wird, gehört der Präses in jedem Falle an. Die Einführung des Amtes eines Vorsitzenden steht den Zentralverbänden frei. Sie bestimmen auch die übrigen Vorstandsämter.

STRUKTUR DES KOLPINGWERKES

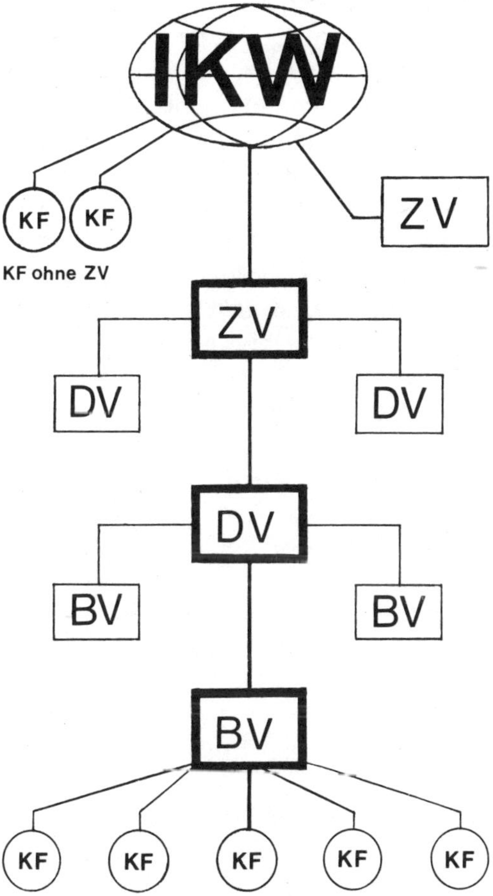

Abkürzungen:
KF – Kolpingsfamilie · **BV** – Bezirksverband
DV – Diözesanverband · **ZV** – Zentralverband
IKW – Internationales Kolpingwerk

Mitgliedschaft und Gruppierungen

Das Kolpingwerk kennt nur eine Mitgliedschaft. Das heißt, Mitglied ist man, ob in der Kolpingfamilie oder als Einzelmitglied – wenn keine Kolpingsfamilie am Ort ist – im Verband und nicht in einer bestimmten Gruppierung. Die Unterscheidung bestimmter Gruppierungen innerhalb der Kolpingsfamilie geschieht aus organisatorischen und arbeitsbedingten Gründen. Zu dieser zweckmäßigen Unterscheidung der Mitglieder gehört die *Gruppe Jungkolping* bis zur Vollendung des 18. Lebensjahres, die Gruppe *Kolping/Junge Erwachsene* bis zum 30. Lebensjahr oder bis zur Verheiratung und die Gruppe *Altkolping* bzw. *Gruppe Erwachsene*. Neben diesen drei Altersgruppen, die das prägende Strukturelement des Kolpingwerkes ausmachen, können auch Sachbereiche für konkrete Arbeitsfelder durch die Zentralverbände eingerichtet werden.

V
DAS KOLPINGWERK IN DEN EINZELNEN LÄNDERN

Kolping in Europa

Bis zum Zweiten Weltkrieg blieb das Kolpingwerk bis auf wenige Ausnahmen auf die deutschsprachigen Länder oder auf deutschsprachige Gruppen in außereuropäischen Ländern beschränkt. Das änderte sich nach dem Krieg. Durch Entwicklungshelfer aus den Reihen des Kolpingwerkes und durch die Entwicklungshilfe des Internationalen Kolpingwerkes fand es nun auch Interesse in außerdeutschen Sprachgebieten und vor allem in Ländern der Dritten Welt. Damit wurde es zu einem wirklichen internationalen Werk. Heute ist das Kolpingwerk in 22 Ländern der Erde vertreten.

Bevor über die Zentralverbände und Kolpingsfamilien in den einzelnen Ländern berichtet wird, soll noch ein Wort zur Situation des Kolpingwerkes in den Ostblockstaaten gesagt werden.

Wiederholt wurde schon erwähnt, daß es vor dem Krieg Kolpingsfamilien in Polen und Danzig, in der Tschechoslowakei, in Ungarn, Rumänien und Jugoslawien gab. Durch die kommunistische Machtergreifung in diesen Ländern wurde das Kolpingwerk verboten und sein Vermögen beschlagnahmt. Die Kolpinghäuser wurden enteignet und zum Teil in kommunistische Jugendzentren umgewandelt. Versuche, das Kolpingwerk in Ungarn wiederaufleben zu lassen, schlugen 1956 fehl.

Es bleibt nur zu hoffen, daß das einst so blühende Kolpingwerk in diesem Land einmal seine Wiedergeburt erfährt und hier wie in anderen kommunistisch beherrschten Ländern so wie im anderen Teil Deutschlands wenigstens im Bereich der Kirche arbeiten darf.

Das Kolpingwerk Deutscher Zentralverband

Die Entwicklung des Kolpingwerkes in Deutschland wurde schon eingehend erörtert. Darum soll hier nur noch kurz die gegenwärtige Situation dargestellt werden. Für den raschen Wiederaufbau des Kolpingwerkes Deutscher Zentralverband nach dem Zusammenbruch des Dritten Reiches 1945 und für die positive kontinuierliche Weiterentwicklung bis zum heutigen Tage sind drei Faktoren von entscheidender Bedeutung gewesen.

Da ist zunächst die Öffnung des Verbandes für alle Altersgruppen zu nennen. Das begann mit der Einbeziehung von Altkolping und Jungkolping in die Kolpingsfamilie und wurde fortgeführt mit der Aufnahme von Mädchen und Frauen in den Verband. Die volle Mitgliedschaft der Gruppe Altkolping in der „Deutschen Kolpingsfamilie" wurde unter dem Druck der politischen Ereignisse bereits durch die Zentralversammlung vom 18. bis 19. September 1933 in Köln beschlossen[150]. Durch die Annahme der Ordnung und Satzung von Jungkolping durch die Zentralversammlung vom 23. bis 25. November 1962 auf Schloß Hirschberg bei Beilngries/Bayern erhielt auch die Gruppe Jungkolping die volle Mitgliedschaft[151]. Und schließlich wurde auf der Zentralversammlung vom 14. bis 16. Oktober 1966 in Würzburg der Beschluß gefaßt, zukünftig auch weibliche Mitglieder in die Kolpingsfamilie aufzunehmen[152].

Damit entstand aus dem ehemaligen „Gesellenverein" eine wirkliche „familienhafte Gemeinschaft" und ein lebensbegleitender Verband, was sich sehr segensreich auswirkte.

Als weiterer Grund für die positive Entwicklung nach dem Krieg muß die Öffnung des Verbandes für alle Stände und Volksschichten angeführt werden. Waren bis zum Krieg praktisch nur Handwerker Mitglieder des Kolpingwerkes, so konnte von nun an jeder die Mitgliedschaft erwerben, der sich zu den Zielen und Aufgaben des Kolpingwerkes bekennt[153]. Und schließlich tragen die Einrichtungen und Dienste, die das Kolpingwerk anbietet, wie Kolping-Bildungswerk, Familienferienwerk, Jugendgemeinschafts- und Jugendsozialdienste, Verband der Kolpinghäuser, sowie das Schrifttum zu der starken Anziehungs- und Ausstrahlungskraft des Kolpingwerkes in Deutschland bei.

Mitgliederbewegung

Wenn wir uns zunächst der Mitgliederbewegung zuwenden, dann können wir feststellen, daß der Deutsche Zentralverband gerade in den letzten Jahren einen sehr erfreulichen Aufwärtstrend zu verzeichnen hatte. So gab es in den Jahren 1977: 6692, 1978: 8844, 1979: 12828 und 1980: 9973 Neuzugänge. Mit der Gesamtmitgliederzahl von 238946 in 2561 Kolpingsfamilien der 22 Diözesen am 31. März 1981 hat das Kolpingwerk in der Bundesrepublik Deutschland die bisher höchste Mitgliederzahl erreicht.

Erfreulich ist, daß so viele Jugendliche sich dem Kolpingwerk anschließen. Denn von den 238946 Mitgliedern gehören 30742 der Gruppe Jungkolping und 48846 der Gruppe Kolping/Junge Erwachsene an.

Die Öffnung des Verbandes auf alle Stände und Gruppen zeigt sich sehr deutlich in der Berufsstatistik. Am 31. März 1981 waren 21,2% der Mitglieder des Kolpingwerkes im Handwerk tätig; ⅓ davon als Selbständige oder Unternehmer. 27,1% kamen aus dem Handel und der Industrie, 2,3% aus Betrieben sonstiger Wirtschaftsgruppen. 11,4% waren Angestellte des Öffentlichen Dienstes. 2,7% waren in der Landwirtschaft beschäftigt und 1,7% in freien Berufen. Der Anteil der Schüler und Studenten machte 19,2% der Mitglieder aus; der der Hausfrauen 6,6% und der Anteil der Rentner und Pensionäre betrug 4,4%. Ohne Berufsangabe gibt es 3,4% Mitglieder im Kolpingwerk Deutscher Zentralverband.

Einrichtungen und Dienste

Im Generalstatut des Internatinonalen Kolpingwerkes heißt es: „Das Kolpingwerk will seinen Mitgliedern und der Gesellschaft Lebenshilfen anbieten." Das geschieht durch die vielfältigsten Einrichtungen und Dienste, von denen einige hier kurz angeführt werden sollen.

Kolping-Bildungswerk

Etwa um die Mitte der 60er Jahre begann – im Zusammenhang mit Entwicklungen im Verband wie auch im Bildungsbereich insgesamt – die Gründung von Kolping-Bildungswerken auf Diözesanebene. Diese Bildungswerke sind jeweils eigene Rechtsträger, wenngleich in enger Anbindung an die entsprechende verbandliche Gliederung und ihre Leitungsstrukturen. Die rechtliche Eigenständigkeit der Bildungswerke gegenüber dem Personalverband Kolpingwerk war und ist insbesondere nötig, um in bestimmten Arbeitsfeldern – z. B. aufgrund von Förderungsrichtlinien – wirksam tätig werden zu können. Darüber hinaus war es auch das Ziel bei der Schaffung der Kolping-Bildungswerke, mit besonderen Bildungsangeboten über den unmittelbaren Kreis des Verbandes hinausreichen zu können.

In der heutigen Arbeit der Kolping-Bildungswerke zeigt sich ein breites Spektrum vielfältiger Aktivitäten. Drei Schwerpunkte lassen sich dabei ausmachen, die freilich regional sehr unterschiedlich gelagert sind, also nicht von allen Bildungswerken gleichermaßen abgedeckt werden. Die doch recht erhebliche Unterschiedlichkeit in der konkreten Arbeitsweise der einzelnen Bildungswerke erklärt sich zum einen aus der jeweiligen Geschichte der einzelnen Einrichtungen, zum anderen und insbesondere auch wegen der unterschiedlichen Möglichkeiten regionaler Bildungswerke aufgrund unterschiedlicher Förderungsrichtlinien, wie sie in erheblichem Maße ja doch Sache der einzelnen Bundesländer sind.

Ein Schwerpunkt ist die organisatorische und finanzielle Betreuung und Abwicklung verbandlicher Bildungsaktivitäten, ein zweiter die Durchführung von offenen Bildungsmaßnahmen, insbesondere im Bereich der beruflichen Weiterbildung, ein dritter schließlich die Unterhaltung eigener Einrichtungen zur Durchführung langfristiger Maßnahmen für besondere Zielgruppen, etwa Berufsvorbereitungsmaßnahmen für nicht berufsreife Jugendliche. Neben diesen Schwerpunkten wird seitens der Kolping-Bildungswerke ein vielfältiges Spektrum sonstiger Aktivitäten und Angebote entfaltet, wobei immer wieder auch auf aktuelle Fragen und Probleme der Zeit eingegangen und der Versuch unternommen wird, zur Lösung von Problemen beizutragen.

Das Kolping-Bildungswerk Deutscher Zentralverband ist in seiner heutigen Struktur und Arbeitsweise nicht Dachorganisation oder Zusammenschluß der regionalen Bildungswerke, sondern eigenständige Einrichtung des Kolpingwerkes Deutscher Zentralverband mit speziellen Aufgabenschwerpunkten. Diese liegen zum einen in der Durchführung eigener Maßnahmen und der Erstellung von Arbeitsmaterialien im Bereich der politischen Bildung, zum anderen geht es um vielfältige Dienstleistungsfunktionen für die regionalen Bildungswerke, insbesondere durch die Sammlung und Weitergabe von Informationen, durch die Veranstaltung von Fachtagungen etc.

Die Aktivitäten aller Bildungswerke im Bereich des Kolpingwerkes Deutscher Zentralverband mit ihren vielfältigen Ausprägungen dienen letztlich insgesamt dem Ziel, den bildungsfähigen und bildungswilligen Menschen, die von den Angeboten erreicht werden, ob nun Mitglied oder nicht, im Geiste Adolph Kolpings eine ihren Anlagen entsprechende Bildung zu ermöglichen. Letztlich ist dieser Ansatz – wie auch die Arbeit aller anderen Einrichtungen im Bereich des Verbandes – eingefügt in das grundlegende programmatische Ziel, Mitgliedern wie auch Nichtmitgliedern Lebenshilfen anzubieten, sie zum verantwortlichen Mitdenken, Mitsprechen und Mithandeln in allen Bereichen der Gesellschaft anzuregen und zu befähigen und damit einen Beitrag zu leisten zur ständigen Erneuerung unserer Gesellschaft.[154]

Familienferienwerk

Das Kolpingwerk hat von jeher einen Schwerpunkt seiner Aufgabe in der Familienarbeit gesehen. Dazu gehört heute auch, kinderreichen und sozial schwachen Familien einen familiengerechten Urlaub zu ermöglichen. Dem dient das Familienferienwerk.

Am 1. Juli 1960 wurde das erste Familienferienheim des Kolpingwerkes in Uckerath eröffnet. 1964 konnte das zweite in Pfronten/Allgäu eingeweiht werden. In kurzen Zeitabständen wurden weitere gebaut, so daß das Kolpingwerk zur Zeit über neun eigene Familienferienstätten mit ca. 1700 Betten verfügt. In den schönsten Gegenden Deutschlands gelegen, bieten sie kinderreichen Familien und Familien mit geistig- und körperbehinderten Kindern, ohne Rücksicht auf Verbands-, Konfessions- und Religionszugehörigkeit familiengemäße Ferien. Da in allen Häusern ein Kindergarten, Freizeiträume aller Art und auch eine eigene Hauskapelle zur Verfügung stehen, können sich die Feriengäste hier sowohl körperlich als auch geistig-seelisch erholen.

Außerhalb der Ferienzeiten stehen die Häuser auch jungen Familien mit nichtschulpflichtigen Kindern und Senioren zu Erholungsmaßnahmen offen. Darüber hinaus dienen sie der Durchführung von familiennahen Bildungskursen, wie ehevorbereitenden und elternbegleitenden Kursen, Familieneinkehrtagen, Familienexerzitien und familienpolitischen Bildungsangeboten.

Jugendgemeinschafts- und Jugendsozialdienste

Am 26. Juli 1954 führte das Kolpingwerk in Zusammenarbeit mit dem „Christlichen Verein Junger Männer“ (CVJM) und dem Neu-Deutschland-Hochschulring in Lommel/Belgien den ersten internationalen Kriegsgräbereinsatz durch. Solche Einsätze wurden von diesem Zeitpunkt an jedes Jahr unter dem Leitwort „Versöhnung über den Gräbern“ durchgeführt[155].

Aus dieser Aktion ergaben sich mit der Zeit auch andere Aufgabengebiete und Einsatzfelder. Die durchgeführten Maßnahmen der letzten Jahre hatten folgende Schwerpunkte:

- Mitarbeit beim Bau oder der Renovierung von Kirchen, Gemeindezentren, Jugendeinrichtungen, Schulen und Werkstätten;
- Sozialeinsätze in Krankenhäusern, Kindergärten und Altenheimen;
- Rodungs- und Aufforstungsarbeiten, Alpenverbesserungen und Lawinenschutzbauten in Bergregionen;
- Dorfsanierungsarbeiten, Brunnenbohrungen und Verlegen von Wasserleitungen;
- Familienaufenthalte und Hilfe in den Familien bei Erntearbeiten oder Heimarbeit;
- Kibbuzim-Einsätze in Israel.

Mit diesen Angeboten wird den jungen Menschen die Gelegenheit geboten, sich kurzfristig in einem sozialen Dienst zu engagieren. Zudem wird ihnen damit auch die Möglichkeit gegeben, andere Länder und Völker kennenzulernen. Die Begegnungen, die daraus erwachsen, sind ein echter Beitrag zur Völkerverständigung und dienen daher auch dem Frieden in der Welt[156].

Verband der Kolpinghäuser

Als Adolph Kolping am 8. Mai 1853 das erste Kolpinghaus – damals noch Gesellenhaus – in Köln in der Breite Straße einweihte, wollte er seinen Gesellen nicht nur ein zweites ‚Zuhause' geben, sondern er entwickelte bereits damals eine klare Konzeption, welche Aufgaben den Häusern zugedacht waren. Neben der Schaffung einer ‚familienhaften Atmosphäre', in der die Gesellen schon auf Ehe und Familie vorbereitet werden sollten, erkannte Kolping, daß die soziale Not und das Elend der Gesellen von damals nur durch eine Neubesinnung des Menschen auf seinen Wert in Beruf, Familie, Staat und Kirche behoben werden konnten. Darum verband er mit dem Kolpinghaus auch immer Bildungseinrichtungen für die Weiterbildung des einzelnen in allen Bereichen des täglichen Lebens. So ist nur wenigen bekannt, daß die Berufsschulen – früher Fortbildungsschulen – vielfach in den Gesellenhäusern ihren Ursprung haben. Rückblickend kann man sagen, daß sich viele Persönlichkeiten aus Wirtschaft und Politik in den Kolpinghäusern Anregung, Wissen und rechte Einstellung für ihre spätere Tätigkeit geholt haben.

Wenn heute dem Deutschen Kolpingwerk für seine Aufgaben etwa 280 Kolpinghäuser zur Verfügung stehen, so ist dafür den vielen Kolpingsfamilien zu danken, die die Idee Adolph Kolpings in so umfangreicher Weise verwirklicht haben. Die gegenwärtige Nutzung ist sicherlich eine andere als vor 100 Jahren. ‚Opas Gesellenhaus ist tot!' Neben modernen internationalen Wohnheimen wird ein reichhaltiges Bildungsprogramm geboten. Weitere Bereiche werden im Rahmen der Möglichkeiten des Kolpingwerkes für die Zukunft erschlossen. Hier nur einige Modelle, die bereits praktiziert werden oder in der Planung sind:

- Umstrukturierung von Kolpinghäusern zu Bildungszentren;
- Kolpinghaus als Jugend- und Kulturzentrum;
- Kolpinghaus mit Eingliederung eines Pfarrzentrums;
- Heimplätze für die ‚freie Erziehungshilfe' der Jugendämter.[157]

In der Beratung und Betreuung der Führungskräfte in den Kolpinghäusern zur Verwirklichung moderner Konzeptionen, wie sie beispielhaft angeführt wurden, sieht der Verband der Kolpinghäuser e. V. seine Hauptaufgaben. Darüber hinaus bietet er den Leitungen der einzelnen Häuser aber auch echte Hilfen durch Erstellung von Jahresabschlüssen, Prüfungsberichten, Wirtschaftlichkeitsberechnungen, Steuererklärungen etc.

Schrifttum

Für das gesamte Schrifttum des Verbandes gilt ein grundsätzlicher Bezug zum Programm, und zwar in dem Sinne, daß alles Tun hier wie auch in den anderen Bereichen letztlich immer hingeordnet ist und sein muß auf das Bemühen um die Verwirklichung des Verbandsprogramms. Inhaltliche Ausgestaltung und Zielsetzung des Verbandsschrifttums finden in jedem Falle hier also eine klare Orientierung, die nicht dem Belieben der jeweiligen Verantwortlichen ausgesetzt ist. Im Bereich des Zentralverbandes läßt sich das Schrifttum in zwei große Gruppen unterteilen, zum einen die regelmäßig erscheinenden Organe wie „Kolpingblatt“ und „Idee und Tat“, zum anderen die eigenständigen Arbeitsmaterialien wie Werkblätter, Werkmappen usw. Die folgenden Ausführungen sollen diese genannten Bereiche etwas näher kennzeichnen.

„Kolpingblatt“

Das „Kolpingblatt“ ist Verbandsorgan des Kolpingwerkes Deutscher Zentralverband. Der Bezug des „Kolpingblattes“ ist nach einem Beschluß der Zentralversammlung aus dem Jahre 1969 an die Mitgliedschaft in den Altersgruppen Kolping/Junge Erwachsene und Erwachsene gekoppelt. Die monatliche Auflage des „Kolpingblattes“ beträgt derzeit rund 180000, sie ergibt sich

Der Kölner Dom zur Zeit Kolpings

Rückseite: Der Kölner Dom nach seiner Fertigstellung

aus der Gesamtzahl der Mitglieder unter Abzug der Angehörigen der Gruppe Jungkolping und unter Berücksichtigung der Tatsache, daß Ehepaare, die den Ehegattenbeitrag entrichten, jeweils nur ein „Kolpingblatt" geliefert bekommen. Eigentümer und Herausgeber des „Kolpingblattes" ist die Deutsche Kolpingfamilie e. V., also der Rechtsträger des Kolpingwerkes Deutscher Zentralverband. Die Redaktion des „Kolpingblattes" ist angesiedelt im Referat Presse- und Öffentlichkeitsarbeit des Zentralsekretariates.

Das „Kolpingblatt" hat bereits eine lange Geschichte hinter sich. Die erste Ausgabe erschien am 1. Januar 1901. Seither ist das Verbandsorgan – von einer Zwangspause zwischen 1941 und 1948 abgesehen – regelmäßig erschienen, wobei sich das äußere Erscheinungsbild verständlicherweise in den vergangenen acht Jahrzehnten vielfach verändert hat. Das „Kolpingblatt" hatte im übrigen die 1854 von Adolph Kolping gegründeten „Rheinischen Volksblätter" abgelöst, die bis dahin wenigstens teilweise den Charakter eines Verbandsorgans getragen hatten.

Das „Kolpingblatt" hat seine vordringliche Aufgabe darin, die Mitglieder und darüber hinaus breitere Kreise der Öffentlichkeit über wichtige Ereignisse und Entwicklungen im Verband zu informieren und aktuelle Fragen von Kirche, Gesellschaft und Staat zu behandeln, und zwar aus der Sicht des Verbandes heraus, also nicht im Sinne einer bloßen Informationsvermittlung, sondern im Sinne einer kommentierenden Begleitung. Beides soll letztlich der Anregung und Hilfe für die Arbeit im Verband, aber auch der persönlichen Lebensgestaltung des einzelnen dienen, eingeordnet – wie angedeutet – in die programmatischen Grundlagen des Verbandes.

„Idee und Tat“

Führungszeitschriften haben eine lange Tradition im Verband. Schon Kolping hat die Bedeutung eines entsprechenden Angebotes erkannt und nach langen Bemühungen im Jahre 1863 die „Mitteilungen für die Vorsteher der katholischen Gesellenvereine“ ins Leben gerufen. Diesem Organ, das sich in den nächsten Jahren und Jahrzehnten zur speziellen Zeitschrift für die Präsides entwickelte, trat 1914 „Der Führer“ für die übrigen Leitungskräfte zur Seite. Sie wurde 1936 in „Erbe und Aufgabe“ umgenannt und erscheint seit 1964 unter dem Titel „Idee und Tat“.

Eine Führungszeitschrift richtet sich grundsätzlich in erster Linie an die verantwortlichen Leitungskräfte des Verbandes, vor allem also an die Vorstandsmitglieder der Kolpingsfamilien. Ihre Aufgabe ist es, den Leitungskräften Informationen, Anregungen und Hilfestellungen für die Planung und Durchführung der Aktivitäten der Kolpingsfamilie (Bildung, Aktion, Geselligkeit) an die Hand zu geben. Nun ist die Bandbreite der verbandlichen Aktivitäten bekanntlich überaus groß und noch dazu die Situation der Kolpingsfamilie von Ort zu Ort überaus verschieden. Von daher ist es durchaus einsichtig und verständlich, daß eine Führungszeitschrift nicht alle Interessen und Wünsche gleichermaßen berücksichtigen kann, daß hier die Redaktion also gezwungen ist, immer wieder neu zu überlegen, in welcher Weise man den vielfältigen Interessen und Erwartungen gerecht werden kann.

„Idee und Tat“ erscheint viermal jährlich in einer Auflage von derzeit etwa 19000 Exemplaren. Die Hefte versuchen, in ausgewogener Mischung sowohl mehr grundsätzliche Informationen zu allgemein interessierenden Fragen zu liefern als auch konkrete Arbeitshilfen für Veranstaltungen und Aktionen der Kolpingsfamilie bzw. der einzelnen Gruppen. Die einzelnen Hefte sind im Regelfalle schwerpunktmäßig einem bestimmten Themenfeld zugeordnet, das dann in sehr breiter Weise angegangen werden kann[158].

Arbeitsmaterialien

Über die im periodischen Verbandsschrifttum enthaltenen Informationen und Anregungen für die verbandliche Arbeit hinaus wird seitens des Zentralverbandes versucht, durch eigenständige Arbeitsmaterialien die Arbeit der verschiedenen Gliederungen des Verbandes, insbesondere natürlich der Kolpingsfamilien, in allen Bereichen anzuregen und zu unterstützen. Diese Bemühungen erfahren durch die Aktivitäten der Diözesanverbände eine breite Ergänzung, freilich – bedingt durch die unterschiedliche Größe und Ausstattung von Diözesanverbänden – in unterschiedlicher Art und Weise.

Werkmappen

Zu den wichtigsten Arbeitsmaterialien gehören Werkmappen, die für bestimmte Aufgabengebiete des Kolpingwerkes herausgegeben werden. Sie sollen den Führungskräften im Verband Anregungen geben und ihnen die Arbeit erleichtern. Das gilt besonders für die Altersgruppenarbeit und für die Aufgaben in den Sachbereichen „Arbeit und Beruf“, „Ehe und Familie“, „Gesellschaft und Politik“ sowie „Kultur und Freizeit“.

Werkblätter

Über die Werkmappen hinaus bietet der Verband kleinere Arbeitsmaterialien in Form von Werkblättern in einem Umfang von 8 bis 16 Seiten an. Sie sollen neuen Mitgliedern in der Kolpingsfamilie und neuen Leitungskräften als Informationen und als Einführung in die Arbeit des Kolpingwerkes dienen. Schwerpunkte der Werkblattreihe sind daher Fragen, die das Selbstverständnis und die Aufgaben der Kolpingsfamilien betreffen[159].

Programm und Statuten des Kolpingwerkes Deutscher Zentralverband

Adolph Kolping hat wiederholt zum Ausdruck gebracht, daß sein Programm immer wieder neu in die Zeit hineingestellt und an den jeweiligen Aufgaben ausgerichtet werden müsse: „„,... Wir ... müssen uns durch Erfahrung und Zeit belehren und weisen lassen. Zudem wird sich manches als nur für diese Zeit und gerade für die gegenwärtigen Umstände passend erweisen, was sich durchaus, wie sich Zeit und Umstände ändern, eben auch neuen Verhältnissen anzuschließen hat."[160]

Diesem Wort Kolpings gemäß hat sich die Zentralversammlung vom 4. bis 6. Oktober 1974 in Königstein/Taunus damit befaßt, das Programm, das auf der Zentralversammlung vom 18. bis 20. November 1971 in Bad Wörishofen beschlossen wurde, fortzuschreiben. Mehr als die Vorarbeit dafür konnte in Königstein aber nicht geleistet werden. Nachdem dann insgesamt drei Jahre daran gearbeitet worden war, konnte das neue Programm auf der Zentralversammlung vom 5. bis 7. November 1976 in Paderborn fast einmütig bei nur drei Enthaltungen verabschiedet werden[161].

Die folgende Zentralversammlung in Kaiserslautern vom 26. bis 28. Mai 1978 hatte daraufhin die Aufgabe, Zentral- und Ortsstatut des Kolpingwerkes Deutscher Zentralverband dem Paderborner Programm anzugleichen. Beide Statuten wurden in Kaiserslautern mit großer Mehrheit beschlossen und in Kraft gesetzt[162].

Das „Programm des Kolpingwerkes Deutscher Zentralverband" vom 7. November 1976, das auf der Grundlage der Botschaft Jesu Christi, der Katholischen Soziallehre und dem Programm Adolph Kolpings aufgebaut ist, sowie das „Zentralstatut des Kolpingwerkes Deutscher Zentralverband" vom 27. Mai 1978 und das „Ortsstatut des Kolpingwerkes Deutscher Zentralverband" gleichfalls vom 27. Mai 1978 bilden die Voraussetzung für eine zielstrebige Arbeit des Deutschen Kolpingwerkes in den 80er Jahren.

Das Kolpingwerk im anderen Teil Deutschlands

Während das Kolpingwerk in allen kommunistisch beherrschten Ländern verboten wurde, konnten die Kolpingsfamilien im anderen Teil Deutschlands nach dem Krieg ihre Arbeit sofort wiederaufnehmen. Ihre Aktivitäten mußten sie aber auf den rein kirchlichen Bereich beschränken. Das führte dazu, daß sich die einzelnen Kolpingsfamilien, die pfarrlich gebunden sind, im wesentlichen der religiösen Bildungsarbeit und dem sozialen Apostolat widmen.

Da das Leben der Christen im anderen Teil Deutschlands fast ausschließlich von der Diasporasituation geprägt ist, bilden die Kolpingsfamilien eine Gemeinschaft, die dem einzelnen und den Familien helfen will, in einer atheistischen Umwelt bewußt gläubig zu leben.

Um diesen Dienst bemühen sich die Kolpingsfamilien in besonderer Weise durch Einkehrtage, Exerzitien, religiöse Bildungsveranstaltungen usw. Darüber hinaus gehört der „Sonntagsdienst" der Mädchen und Frauen in Krankenhäusern, Alten- und Pflegeheimen sowie in anderen caritativen Einrichtungen genauso zu den Aufgaben der Kolpingsfamilie wie das „Handwerkerdiakonat" der Männer zur Erhaltung und Verbesserung dieser Einrichtungen. Auf diese Weise gestalten die Kolpingsfamilien das Leben der Pfarreien und damit der Kirche insgesamt entscheidend mit.

Dieses religiöse und soziale Engagement und die Pflege der familienhaften Gemeinschaft sind sicher auch der Hauptgrund dafür, daß sich viele jüngere wie ältere Menschen der Kolpingsfamilie anschließen und auch laufend neue Kolpingsfamilien gegründet werden. Insgesamt gibt es zur Zeit etwa 150 Kolpingsfamilien mit rund 5000 Mitgliedern im anderen Teil Deutschlands. Sie unterstehen dem Bischof, der den Diözesanpräses beruft, dem die Leitung des kirchlichen Kolpingwerkes in der Diözese bzw. im Jurisdiktionsbezirk obliegt. Ihm zur Seite steht der gewählte Diözesansenior. Ebenso wird der örtliche Präses, der mit dem gleichfalls gewählten Senior die Kolpingsfamilie leitet, vom Bischof ernannt. Dem Diözesanpräses und Diözesansenior sowie dem Präses und Senior der örtlichen Kolpingsfamilie steht jeweils ein gewählter Familienrat zur Seite.

Die Kolpingsfamilien im anderen Teil Deutschlands verwirklichen in vorbildlicher Weise das Wort Kolpings: „Tätige Liebe heilt alle Wunden, bloße Worte mehren nur den Schmerz".[163]

Der Zentralverband Österreich

Die geschichtliche Entwicklung des Kolpingwerkes in Österreich läßt sich bis zum Zweiten Weltkrieg nicht von der Geschichte des Internationalen Kolpingwerkes trennen. Eine eigene Entwicklung beginnt erst nach dem Zweiten Weltkrieg.

Am 11. März 1938 erfolgte der Einmarsch deutscher Truppen in Österreich. Damit wurde auch das Kolpingwerk zerschlagen. Alle Kolpinghäuser wurden von der NSDAP beschlagnahmt. Das machte den Neubeginn nach 1945 sehr schwierig. Die Mitglieder der Kolpingsfamilien waren verstreut, viele noch nicht aus dem Krieg heimgekehrt. Altmitglieder waren es darum – wie nach dem Ersten Weltkrieg –, die mit dem Wiederaufbau begannen. Dieser Neuaufbau war von einer großen Unsicherheit begleitet, weil die Österreichische Bischofskonferenz alle katholischen Verbände – auch jene, die der kirchlichen Jurisdiktion nicht unterstanden – in der „Katholischen Aktion“ zusammenfassen wollte. Dem Salzburger Erzbischof Dr. Andreas Rohracher ist es zu verdanken, daß das Kolpingwerk nach dem Zweiten Weltkrieg an eine bald 100jährige Tradition wieder anknüpfen konnte.

Die Kolpinghäuser

Die meisten Kolpinghäuser konnten bald wiederhergestellt werden, neue kamen hinzu. Sie dienten wieder dem ursprünglichen Zweck, nämlich Jugendlichen, die wegen der Schul- oder Berufsausbildung für einige Jahre das Elternhaus verlassen müssen, in der Stadt ein Zuhause zu geben.

Ende der fünfziger Jahre trat die Bewußtseinsbildung

stark in den Vordergrund, daß auch Mädchen eine qualifizierte Berufsausbildung benötigen. Immer mehr Mädchen baten darum um die Aufnahme in ein Kolpinghaus. Besonders die Eltern, die ihre 14- bis 15jährige Tochter nicht gern allein in die Stadt ziehen lassen wollten, suchten beim Kolpingwerk für ihre Kinder eine gesicherte Unterkunft. So kam es im Jahre 1962 in Wien zur Eröffnung des ersten Mädchen-Familienheimes, in dem jeweils zwanzig Mädchen mit einer Heimleiterin gleichsam eine Familie bilden, in der sie ihre Freizeit gestalten und persönlich für die notwendigen Dinge des täglichen Lebens Sorge tragen.

Die neueste Entwicklung geht dahin, für jene Mädchen, die nach der Berufsausbildung oder dem Schulabschluß mit neunzehn Jahren das Schüler- und/oder Lehrlingsheim verlassen müssen, Kleinwohnungen vom Kolpingwerk zu erstellen, in denen sie für ein oder zwei Jahre wohnen können, um dadurch eine Starthilfe für die gänzliche Eigenständigkeit zu erhalten.

Heute unterhält das Kolpingwerk in Österreich etwa 50 Kolpinghäuser und 25 Mädchen-Familienheime mit etwa 13750 Mitgliedern.

Gesellschaftspolitisches und politisches Engagement

Das Kolpingwerk in Österreich engagierte sich vor dem Zweiten Weltkrieg sehr stark im gesellschaftspolitischen und politischen Bereich. Darum kommt es nicht von ungefähr, wenn Männer wie Bundeskanzler Dr. Klaus und andere Politiker aus den Reihen des Kolpingwerkes hervorgingen. Nach dem Zweiten Weltkrieg kam es zu einem „Rückzug der Kirche aus der Tagespolitik“. Man wollte nicht wieder Zeiten wie die, wo der katholische Priester Ignaz Seipel Bundeskanzler war. So zogen es die Bischöfe vor, sich soweit wie möglich aus der Tagespolitik herauszuhalten. Dabei wurde aber versäumt, Laien dazu zu befähigen und zu ermutigen. Darin sah nun das Kolpingwerk eine vordringliche Aufgabe, die mit großem Erfolg betrieben wurde.

Große Verdienste um den inneren und äußeren Wiederaufbau hat sich der langjährige geschäftsführende Zentralpräses Msgr. Johannes Schneider erworben, der von Gott am 20. Juni 1970 heimgerufen wurde. Seit 1921 stand er an verantwortlicher Stelle im Österreichischen Kolpingwerk. Für ihn traf das Wort Kolpings zu: „Wer Menschen gewinnen will, muß sein Herz zum Pfande setzen." An seiner Seite standen von 1949 bis 1959 als Zentralsekretär Msgr. Josef Gegenbauer und von 1959 bis 1969 Msgr. Victor Kollars. Nach dem Ausscheiden von Msgr. Kollars wurde Präses Ludwig Zack zunächst zum Zentralsekretär berufen und 1972 durch Kardinal König, der, einer alten Tradition folgend, als Erzbischof und Kardinal von Wien das Amt des Zentralpräses innehat, zum geschäftsführenden Zentralpräses des Zentralverbandes Österreich ernannt. Für seine Verdienste um das Kolpingwerk berief ihn Kardinal König 1979 zum Konsistorialrat. Mit der Ernennung von Zentralsekretär Ludwig Zack zum geschäftsführenden Zentralpräses wurde Clemens Schepers zum Zentralsekretär berufen.

Pressewesen

Auf dem Informationssektor hat das Österreichische Kolpingwerk ein Konzept entwickelt und verwirklicht, das als optimal bezeichnet werden kann. Da ist zunächst das „Vereinsblatt", in dem sich das einzelne Mitglied wiederfinden kann. Dann gibt es die „Kolping-Revue", die alle Mitglieder des Österreichischen Kolpingwerkes bekommen. Schließlich ist das „Österreichische Kolpingblatt“ zu nennen, welches sich seit Anfang der siebziger Jahre immer mehr zu einem Organ entwickelt hat, das jeweils aktuelle Probleme behandelt und dazu Stellung bezieht.

Entwicklungshilfe

Der Beschluß der „Aktion Brasilien“ auf der Generalversammlung im Jahre 1968 in Salzburg hat im Österreichischen Kolpingwerk ungeahnte Kräfte geweckt und mobilisiert. Der Österreichische Zentralverband übernahm die Patenschaft für den Diözesanverband Rio do Sul in Brasilien und konnte dort bereits ein Berufsbildungszentrum errichten und ist nun dabei, über Rio do Sul hinaus in Blumenau und Tirolerdorf weitere Berufsbildungsmaßnahmen zu fördern.

Soziale Aufgaben im eigenen Land

Aber auch für die Not im eigenen Land wurde der Blick in den letzten Jahren geschärft. So konnten inzwischen ein Heim für Fürsorgemädchen und eine „Geschützte Werkstätte“ für Behinderte eingerichtet werden. Über 100 alleinstehenden jugendlichen Vietnamflüchtlingen wurde in verschiedenen Kolpinghäusern ein neues Zuhause gegeben. Gerade durch diese Vietnamaktion hat der Österreichische Zentralverband das Anliegen Kolpings verwirklicht: „Da tat er sein Haus auf ...“

In jüngster Zeit bemühen sich die einzelnen Kolpingsfamilien auch sehr intensiv um ältere Menschen. Es gibt kaum noch eine Kolpingsfamilie ohne die Seniorenrunde. Den Senioren wird nicht ein Programm vorgesetzt, sondern sie bringen sich selbst ein und suchen die

Zusammenarbeit mit der Jugend. So kommt es zu einer echten Begegnung der Generationen.

Zusammenarbeit mit Südtirol

Seit 1945 pflegt das Österreichische Kolpingwerk engste Kontakte zum Zentralverband Südtirol. Die gute Zusammenarbeit zwischen beiden Verbänden zeigt sich besonders im gegenseitigen Austausch bei Schulungsmaßnahmen und Lehrgängen für Führungskräfte. In besonderer Weise setzt sich der Zentralverband Österreich zur Zeit für den Neubau des Kolpinghauses in Bozen ein. Ein schönes Beispiel brüderlicher Zusammenarbeit.

Ausblick

Für die nächste Zukunft hat sich der Zentralverband Österreich die Aufgabe gestellt, eine große Werbeaktion durchzuführen. Sie soll vier Schwerpunkte umfassen. Zunächst sollen die einzelnen Kolpingsfamilien so aktiviert werden, daß sie eine Anziehungskraft auf Außenstehende ausüben. Damit soll dann auch die Werbung nach außen erfolgen. Weiter will man versuchen, die Kolpingsfamilie stärker als bisher in das Pfarrleben zu integrieren. Und schließlich sollen in Pfarreien neue Kolpingsfamilien gegründet werden.

Der Zentralverband Italien/Südtirol

Von den in Südtirol befindlichen Kolpingsfamilien sind vier bereits zu Kolpings Lebzeiten gegründet worden: Bozen und Meran im Jahre 1854, Brixen 1857 und Sterzing 1865. Der Gesellenverein in Bruneck trat 1876 ins

Leben. Algund und St. Ulrich-Gröden wurden 1912 gegründet. Naturgemäß gehörten sie bis zum Ersten Weltkrieg zum Österreichischen Zentralverband. Infolge der politischen Umwälzungen nach dem Ersten Weltkrieg war die Errichtung eines eigenen Zentralverbandes für Südtirol (Italien) erforderlich.

Das Kolpingwerk in Südtirol konnte zwischen den beiden Weltkriegen nur unter schwierigsten Verhältnissen und Bedingungen arbeiten. Das war auch in den ersten Nachkriegsjahren nach 1945 nicht viel anders, zumal zeitweilig jede Verbindung mit dem Ausland – auch mit der Zentrale des Internationalen Kolpingwerkes in Köln – untersagt wurde.

Wenn das Kolpingwerk allen Widerständen zum Trotz dennoch weiter bestehenblieb und auch segensreich im Geiste Kolpings arbeitete, dann verdankt es dies Zentralpräses Aloys Platter und den beiden Kolpingssöhnen Hans Oberhammer († 1953) und Karl Zobl († 1955). Sie waren in den schweren Jahrzehnten vor dem Zweiten Weltkrieg und in den Jahren nach 1945 die tragenden Säulen und das rettende Element für das Kolpingwerk in Südtirol[164].

Zwar entwickelte sich in den alten Kolpingsfamilien Bozen, Meran, Brixen und Sterzing nach 1945 schnell wieder neues Leben, aber eine Ausweitung des Kolpingwerkes gelang nicht, so sehr sich Zentralpräses Hugo Nikolussi als Nachfolger von Aloys Platter und dessen Nachfolger Zentralpräses Huber auch darum bemühten. Einerseits hinderten sie die Verhältnisse in Südtirol daran, und andererseits waren sie so mit ihren Seelsorgeaufgaben überlastet, daß sie nicht die Zeit und die Kraft dazu fanden.

Eine Wende vollzog sich, als das Internationale Kolpingwerk in den Jahren 1975/76 die Initiative ergriff, neues Leben in Südtirol zu entfachen. Dank gilt dafür Diözesanpräses Walter Stürmer aus Bernkastel-Kues, der infolge des Kusanuswerkes enge Beziehung zu Südtirol unterhält, und Generalsekretär Hubert Tintelott. Beide haben die einzelnen Kolpingsfamilien persönlich besucht und für ihre Arbeit neue Wege aufgezeigt. Der Erfolg war, daß der Autor in der ersten Januarwoche 1976 ein Seminar für Führungskräfte im Priesterseminar in Brixen durchführen konnte, an dem auch die Theologiestudenten teilnahmen. Der größte Erfolg lag aber darin, daß auf diese Weise in Kaplan Außerer, der bisher ein Jungarbeiterwohnheim leitete, ein neuer Zentralpräses gefunden wurde, der sich nun unermüdlich für einen Neuaufbau des Kolpingwerkes in Südtirol einsetzte.

Der Initiative und Tatkraft von Zentralpräses Außerer ist es zu verdanken, daß seit 1977 acht neue Kolpingsfamilien in Südtirol gegründet werden konnten. Damit entstand ein aktiver Zentralverband mit zwölf Kolpingsfamilien und rund 800 Mitgliedern. Weitere Neugründungen stehen aber noch an.

Den Schwerpunkt der Arbeit des Kolpingwerkes in Südtirol sieht der Zentralvorstand zunächst in der Jugendarbeit. In vorbildlicher Weise helfen die Diözesanverbände Augsburg, Freiburg, Regensburg und der Zentralverband Österreich bei der Durchführung von Jugendleiterkursen und anderen Lehrgängen mit. In jüngster Zeit werden auch in verstärktem Maße Kurse für junge Ehepaare und Erwachsene durchgeführt, um so das Kolpingwerk als Jugend- und Erwachsenenverband neu aufzubauen.

Durch die intensive religiöse und gesellschaftspolitische Bildungsarbeit sowie durch Aktionen gegen die Abtreibung, für Entwicklungshilfe durch Altkleidersammlungen oder durch die Einrichtung von Jugendräumen in einzelnen Pfarreien leistet das Kolpingwerk schon heute nicht nur den Mitgliedern, sondern der Kirche in Südtirol insgesamt einen wertvollen Dienst. Es bleibt zu hoffen und zu wünschen, daß sich das Kolpingwerk mit der Unterstützung der Kirche weiterhin ausbreiten kann zum Wohle der Menschen des Landes.

Mit Hilfe des Internationalen Kolpingwerkes und der Landesregierung von Südtirol sowie mit Unterstützung staatlicher und privater Einrichtungen aus Österreich und der Bundesrepublik Deutschland ist beabsichtigt, an Stelle des alten Kolpinghauses in Bozen ein neues zu errichten, das als Wohnheim und Bildungsstätte über die Mitglieder des Kolpingwerkes hinaus allen Jugendlichen und Gruppen offenstehen soll. Als internationale Begegnungsstätte kann es einen wesentlichen Beitrag zur Völkerverständigung leisten.

Der Zentralverband Schweiz

Der Schweizer Zentralverband blieb als einziger im Internationalen Kolpingwerk von den Wirren und der Zerstörung durch den Zweiten Weltkrieg verschont. In edler Hilfsbereitschaft nahm er sich daher der Bruderverbände an, um ihnen beim Wiederaufbau zu helfen. In dem Protokoll des Schweizer Zentralrates vom 15. März 1945 ist folgender Aufruf an die einzelnen Kolpingsfamilien festgehalten:

„Helfen wollen wir unseren schwer geprüften Kolpingsbrüdern, denn dazu verpflichtet uns die Dankbarkeit gegenüber dem Kolpingwerk. TREU KOLPING ... Echte Mannestreue zeigt sich vor allem in der Not. Oder soll Kolpings Wort ‚bloße Worte mehren nur den Schmerz' uns als Tadel treffen, wo wir durch ‚Tätige

Liebe alle Wunden heilen' können? Unsere Brüder brauchen materielle Hilfe, um wenigstens das Schlimmste überstehen zu können. Sie sollen aber auch erfahren, daß Kolpingsöhne einander in der Not nicht im Stiche lassen. Unsere Hilfe soll sie ermutigen und trösten, soll ihnen helfen, den Haß zu löschen, die Gegensätze zu überbrücken und das Kolpingwerk wieder aufzubauen. Wenn wir auch nicht alles Elend lindern können, so sind wir doch verpflichtet, wenigstens so viel zu tun, als in unserer Kraft steht. Wir verlangen daher von Euch etwas ganz Großes, wir verlangen Opfer, große Opfer. Wir zählen dabei auf Eure Treue zu Kolping, die sich jetzt als echt erweisen muß, damit Kolpings Ideen neu belebt werden können."

Dieser Appell blieb nicht unerhört. Einzelmitglieder wie Kolpingsfamilien haben Patenschaften für ausländische Brudervereine übernommen. Hunderte von Lebensmittelpaketen wurden versandt und Bargeld gespendet.

Darüber hinaus bemühte sich der Schweizer Zentralvorstand – wie schon an anderer Stelle berichtet – um den organisatorischen Wiederaufbau des Internationalen Kolpingwerkes bis zur Wahl von Generalpräses Dr. Ridder am 14. Oktober 1948. Das Schweizer Kolpingblatt war nach dem Krieg lange Zeit das einzige Verbindungsorgan im Internationalen Kolpingwerk.

Als Nachfolger von Zentralpräses Fridolin Schönenberger übernahm Prälat Dr. Alfred Theobaldi aus Zürich im Jahre 1947 das Amt des Zentralpräses. Da sein Bischof ihn aber schon bald für andere wichtige Aufgaben berief, mußte er dieses Amt im Jahre 1949 niederlegen. Sein Nachfolger wurde Kanonikus Brühlmann, der diese Aufgabe aber nur ein Jahr wahrnehmen konnte, so daß Prälat Dr. Theobaldi für ihn nochmals in die Bresche springen mußte, bis auf der Zentralversammlung in Stanz am 7. Mai 1951 Pfarrhelfer Otto Stutz aus Schwyz zum neuen Zentralpräses gewählt wurde.

Am Ende des Jahres 1945 zählte der Schweizerische Zentralverband 85 Vereine mit rund 10000 Mitgliedern. Bis zum Jahre 1955 stieg die Zahl der Vereine auf 88, die Zahl der Mitglieder sank allerdings unter die Zehntausendergrenze[165].

Der innere Aufbau und Ausbau im Schweizer Kolpingwerk 1950–1960

Das Jahr 1950 wurde zu einem Werbejahr ausgerufen. Folgende vier Ziele hatte man sich gesteckt:
- Bis Ende 1950 soll der Bestand der Aktivmitglieder um ein Viertel erhöht werden.
- In jedem Gau soll die Neugründung wenigstens eines Vereins erfolgen.
- In jedem Verein soll die obligatorische Abonnierung des „Kolpingblattes“ durchgeführt werden.
- Jeder Monatsbeitrag soll mit der Beitragsmarke quittiert werden, um eine bessere Ordnung und Disziplin in den Vereinen zu erreichen.

Die Werbeaktion war so erfolgreich, daß der bedrohliche Stillstand in der Mitgliederbewegung allmählich überwunden werden konnte. In einem Bericht heißt es dazu: „Wichtig war ein gutwilliger und tatkräftiger Aufbruch, wichtiger wird aber die unentwegte und ausdauernde Bereitschaft sein, den begonnenen Marsch fortzusetzen.“ Das geschah durch eine intensive Schulungsarbeit, deren Hauptgewicht auf die einzelnen Gaue verlagert wurde. Diese intensive Bildungsarbeit wirkte sich sehr positiv auf das Vereinsleben und auf die Mitgliederbewegung aus.

Familienferienheim der Deutschen Kolpingsfamilie in Immenreuth

Rückseite: Hausgemeinschaft in einem Mädchenwohnheim in Wien

1953 konnte das Gesellenhaus in Oberiberg eingeweiht werden, das über den Schweizer Verband hinaus zu einer beliebten Schulungs- und Familienferienstätte geworden ist. Im Hochalpengebiet gelegen, bietet es im Sommer wie im Winter beste Erholungsmöglichkeiten.

Auf der Zentralkonferenz im Jahr 1958 wurde der Beschluß gefaßt, drei Entwicklungshelfer für einen Einsatz in Formosa auszurüsten. Aus dem Projekt erwuchs eine Handwerkerschule, die im wesentlichen vom Schweizer Katholischen Gesellenverein finanziert wurde. Das war der Auftakt für weitere Entwicklungshilfemaßnahmen in Verbindung mit dem Internationalen Kolpingwerk.

Wechsel in der Zentralleitung

Prälat Otto Stutz trat am 21. Juni 1965 nach 14jähriger Tätigkeit als Zentralpräses von diesem Amt zurück. Wie kaum ein anderer hat er seine ganze Kraft in den Dienst des Schweizer Kolpingwerkes gestellt. Zum Dank dafür wurde er zum Ehren-Zentralpräses ernannt. Zu seinem Nachfolger wählten die Delegierten auf der Zentralkonferenz am 21. Juni 1965 in Schwyz Kaplan Josef Eberli, der sich bisher schon sehr im Kolpingwerk engagiert hatte.

Gesellschaftspolitische Aktionen

Zu Beginn der sechziger Jahre bemühte sich der Schweizer Zentralverband besonders darum, im gesellschaftspolitischen Bereich tätig zu werden. In den einzelnen Vereinen wurden in verstärktem Maße Fachkurse und politische Bildungskurse durchgeführt. Soziale Einrichtungen entstanden, wie Bürgschaftsgenossenschaften, Familienkassen usw. Ebenso beteiligte sich das Kolpingwerk an der Fernmaturitätsschule „Akademos", um jungen Menschen über den zweiten Bildungsweg das Studium zu ermöglichen.

Am 26. Juni 1977 trat Zentralpräses Josef Eberli von seinem Amt zurück und übernahm die Pfarrei Sachseln mit der Kirche des heiligen Bruders Klaus von Flüe. Präses Eberli hat sich über die Arbeit des Schweizer Zentralverbandes hinaus besonders um die Ausbreitung des Internationalen Kolpingwerkes verdient gemacht. Zu seinem Nachfolger wählte die Zentralversammlung am 26. Juni 1977 Zentralrat Edgar Hasler zum neuen Zentralpräses.

Jugend- und Familienarbeit

Der neue Zentralpräses sah seine Hauptaufgabe in der Jugendarbeit. Das war um so notwendiger, als mit dem Rückgang der beiden großen Jugendverbände „Jungmannschaft" für die männliche und die „Kongregation" für die weibliche Jugend zu Beginn der siebziger Jahre auch die Jugendarbeit im Kolpingwerk rapide zurückging. Damit wurde das Schweizer Kolpingwerk mehr und mehr zu einem Erwachsenenverband. Mit der Erarbeitung eines Schwerpunktprogramms im Jahre 1973 für die Kolpingjugend wurde die Jugendarbeit wieder in besonderem Maße gefördert. Das ist nicht zuletzt ein Verdienst von Zentralpräses Hasler, der zur Zeit mit großem Erfolg Jugendkurse in den verschiedensten Regionen durchführt.

Einen weiteren Schwerpunkt der Arbeit des Schweizer Kolpingwerkes bildet gegenwärtig die Familienarbeit. Bei Familienwochenendkursen und Familienferienfreizeiten erhalten die Familien Anregungen für die Arbeit in der Kolpingsfamilie und Pfarrei. Dabei geht es besonders um ehevorbereitende und elternbegleitende Maßnahmen. Mit dieser Arbeit leistet der Schweizer Zentralverband nicht nur seinen Mitgliedern, sondern auch der Kirche des Landes einen großartigen Dienst. Der Erfolg zeigt sich auch darin, daß viele junge Ehepaare auf diese Weise der Kolpingsfamilie als Mitglieder beitreten.

So kann das Schweizer Kolpingwerk zur Zeit einen erfreulichen Aufwärtstrend in der Mitgliederbewegung wie in seinen Aktivitäten im Jugendbereich und im Bereich der Erwachsenen verzeichnen. Gegenwärtig gibt es im Schweizer Zentralverband rund 100 Kolpingsfamilien mit etwa 11634 Mitgliedern.

Der Zentralverband Niederlande

Erst zwei Jahre nach dem Tode Adolph Kolpings konnten in den Niederlanden Gesellenvereine gegründet werden, und zwar in Bergen op Zoom (1867), Amsterdam (1868), 's-Gravenhage (1871), Breda (1872), Nijmegen (1880), Rotterdam (1877) und Wert (1877). Dann dauerte es fast drei Jahrzehnte, bis eine neue Gründungswelle von Kolpingfamilien in den Niederlanden einsetzte. Während es unmittelbar vor dem Ersten Weltkrieg in den Niederlanden insgesamt elf Vereine mit 2200 Mitgliedern gab, waren es 1925 schon 68 Gesellenvereine mit 4630 Mitgliedern. Die Zahl der Vereine stieg bis zum Ausbruch des Zweiten Weltkrieges auf 140 und die der Mitglieder auf 13000 an. Durch den Nationalsozialismus wurde das Kolpingwerk in den Niederlanden im Jahre 1942 liquidiert[166].

Nach dem Kriege hielt man die Wiederbelebung des Kolpingwerkes in den Niederlanden von seiten der niederländischen Bischöfe für nicht opportun. Dies teilte Kardinal Alfrink 1956 den Führungskräften schriftlich mit, die sich um einen Wiederaufbau des Kolpingwerkes in den Niederlanden sehr bemühten.

Mit diesem Beschluß gaben sich die noch bestehenden Kolpingsfamilien nicht zufrieden. Sie bemühten sich um eine Aufhebung dieses Verbotes durch die Bischöfe. Daher bildeten sie 1958 eine „Vereinigung tot Bevordering van het Kolpingwerk in Nederland", die von der Königin der Niederlande, Juliana, unter dem 27. Oktober 1958 ihre königliche Genehmigung erhielt. Das Internationale Kolpingwerk unterstützte die Bemühungen des niederländischen Kolpingwerkes und führte im Philipp-Schlick-Haus in Köln-Deutz eigene Seminare für Führungskräfte aus den Niederlanden durch.

Aber trotz aller Bemühungen gelang es nicht, gegen den erklärten Willen der Bischöfe das Kolpingwerk in den Niederlanden wiederaufzubauen und die bestehenden Gruppen zu aktivieren. Von den im Jahr 1958 noch bestehenden vierzehn Kolpingsfamilien existierten 1975 nur noch Nijmegen, Den Haag, Amsterdam, Bergen op Zoom und Rotterdam.

Nach vielfältigen Bemühungen – der Autor hat sich auch persönlich durch Vermittlung von Kardinal Frings in Köln mit Kardinal Alfrink aus Utrecht in Verbindung gesetzt – gelang es dann im September 1975 endlich, daß die Bischöfe sich während einer niederländischen Bischofskonferenz noch einmal mit der Frage des Kolpingwerkes in den Niederlanden befaßten. Sie hoben den früheren Beschluß auf und sagten dem Kolpingwerk darüber hinaus auch ihre Unterstützung zu. In ihrem Brief schrieben die Bischöfe unter anderem: „Durch das Evangelium inspirierte Gruppen, die in Übereinstimmung mit dem Ortsbischof einen Glauben praktizieren zum Wohl der Gemeinschaft, können auf eine positive Beachtung und – wenn möglich – auf eine deutliche Unterstützung der Bischofskonferenz rechnen.“ Dieser Brief war der Auftakt für den offiziellen Wiederaufbau. Der erste Erfolg war die Neugründung der Kolpingsfamilie ’s-Heerenberg durch den jungen Laientheologen John Brohm.

Im Jahre 1978 wurde unter Mithilfe des Internationalen Kolpingwerkes eine kleine Kommission gebildet zur Vorbereitung eines Zentralverbandes. Herr Henk de Wit übernahm den Vorsitz. Durch den Beschluß vom 11. November 1978 wurde schriftlich niedergelegt, welchen Weg man zum Wiederaufbau des Kolpingwerkes in den Niederlanden gehen wollte. Entscheidend für die zukünftige Arbeit war auch das Gespräch zwischen Vertretern des Internationalen Kolpingwerkes und des niederländischen Verbandes mit den Dekanen von Amsterdam und Den Haag am 30. August 1979 in Den Haag.

Nachdem die Kolpingsfamilie Amsterdam bereits am 23. Januar 1980 den Beschluß gefaßt hatte, sich zukünftig einem zu bildenden Zentralverband anzuschließen und am 9. Februar 1980 auch die Kolpingsfamilien Nijmegen und ’s-Heerenberg sich dazu bereit erklärten, stand nichts mehr im Wege, am 4. Oktober 1980 den Zentralverband in den Niederlanden zu gründen. Ihm gehören nun die Kolpingsfamilien Nijmegen, ’s-Heerenberg, Den Haag, Rotterdam und Amsterdam an. Zum Zentralpräses wurde Hans Bijmans SJ, Nijmegen, und zum ersten Vorsitzenden Dr. Theo Schonagen, Leiden, gewählt. Ein Hauptverdienst für diesen erfolgreichen Wiederaufbau kommt Generalsekretär Hubert Tintelott zu, der sich in den vergangenen Jahren sehr intensiv darum bemüht hat.

Inzwischen wurde am 9. April 1981 die Kolpingsfamilie Zoeterwoude-Dorp gegründet. Weitere Neugründungen befinden sich in der Vorbereitung. Bei einem Gespräch mit Kardinal Willebrands am 13. März 1981 in Utrecht betonte dieser Vertretern des Internationalen Kolpingwerkes und des Zentralverbandes der Niederlande gegenüber ausdrücklich, daß er den Wiederaufbau des Kolpingwerkes in den Niederlanden sehr begrüße. Er bat darum, sich besonders der Arbeiterschaft und vor allem der arbeitslosen Jugendlichen zukünftig anzunehmen.

Das Kolpingwerk in Belgien

Wenn der Gesellenverein in Eupen auch schon zu Lebzeiten Kolpings bestanden hat, so dürfen wir doch nicht den Gesellenvater als unmittelbaren Gründer bezeichnen. Vielmehr haben zwei Gesellen aus Aachen den Anstoß für die Gründung des ersten Gesellenvereins in Belgien am 17. April 1859 gegeben. Gründungspräses war Rektor Schiffer. Der zweite Gesellenverein wurde im Jahre 1874 in Brüssel gegründet. Bis zum Ersten Weltkrieg herrschte im Brüsseler Verein ein reges Leben. Nach dem Ersten Weltkrieg hat er kaum noch Bedeutung erlangt. Im Jahre 1929 wurden Kolpingsfamilien in Hergenrath, Raeren und St. Vith gegründet, die bis zum Einmarsch der deutschen Truppen in Belgien 1940 ein reges Leben entfalteten.[167]

1945 begann eine Handvoll Kolpingssöhne mit dem Neuaufbau des Kolpingwerkes in Eupen. Zuerst wurde das Kolpinghaus in der Bergstraße, das durch den Krieg völlig zerstört wurde, wiederaufgebaut. Mit der Ernennung von Rektor Hilligsmann zum Präses der Kolpingsfamilie Eupen und zum Zentralpräses von Belgien durch den Bischof der Diözese wurde das Kolpingwerk auch kirchlich anerkannt. Es entstanden neue Kolpingsfamilien in Hergenrath und Raeren, die aber keine lange Lebensdauer hatten.

Im Jahre 1956 übernahm Kaplan Leo Dederichs das Amt des Präses in der Kolpingsfamilie Eupen. Er bemühte sich besonders um die religiöse Bildungsarbeit und um eine gezielte Jugend- und Familienarbeit im Verein. Durch seine Versetzung von Eupen nach Eynatten erlitt diese Arbeit einen großen Rückschlag, auch wenn er das Amt des Präses von Eupen behielt.

Durch das Engagement einiger aktiver Laien konnte die Arbeit der Kolpingsfamilie Mitte der siebziger Jahre wieder intensiviert werden. Neuen Auftrieb gab die Vorbereitung und Durchführung der 11. Friedenswanderung des Internationalen Kolpingwerkes vom 25. bis 28. Mai 1978 in Eupen/Belgien. Dadurch wurde auch die Öffentlichkeit auf die Kolpingsfamilie Eupen aufmerksam.

Durch eine enge Zusammenarbeit mit der Pfarrei, in der das Kolpinghaus Eupen liegt, soll über die Jugend- und Familienarbeit versucht werden, die Arbeit der Kolpingsfamilie zu aktivieren. Darüber hinaus bemüht sich der Vorstand zur Zeit sehr darum, Kolpingsfamilien auch in anderen Gemeinden und Städten zu gründen.

Das Kolpingwerk in Luxemburg

Im Gesamtverzeichnis aller bestehenden Gesellenvereine vom Jahre 1887 sind für das Großherzogtum Luxemburg zwei Gesellenvereine angeführt. Luxemburg, gegründet 1864, und Echternach, gegründet 1872. Während der Verein von Echternach nur wenige Jahre existierte, entwickelte sich der Gesellenverein in der Hauptstadt Luxemburgs zu einem stattlichen Verein, der vor dem Ersten Weltkrieg über 300 Mitglieder hatte. Von den Folgen des Krieges konnte er sich schnell erholen und wieder aktives Leben entfalten.

Mit dem Ausbruch des Zweiten Weltkrieges 1939 und der Besetzung Luxemburgs durch die deutschen Truppen mußte jede Vereinstätigkeit aufhören. Nach Beendigung des Krieges konnte man nicht an die ruhmreiche Vergangenheit anknüpfen, so daß es lange Zeit keine Kolpingsfamilie in Luxemburg gab.

Erst durch die Initiative von Pool Schroeder, der das Kolpingwerk in der Schweiz kennengelernt hatte, konnte am 2. November 1957 wieder die erste Kolpingsfamilie in Luxemburg nach dem Krieg in dem kleinen Ort Hünsdorf gegründet werden. Seit dem Jahr 1963 dehnte sie ihre Arbeit auf die ganze Stadt Luxemburg aus. Ein Jahr zuvor war eine zweite Kolpingsfamilie in der Gemeinde Feulen gegründet worden.

Beide Kolpingsfamilien haben etwa 80 Mitglieder. Die Aktivität dieser beiden Gruppen zeigt sich neben der Bildungsarbeit besonders in sozialen und caritativen Aktionen. So führt das Kolpingwerk Luxemburg in jedem Jahr im ganzen Land eine Altkleider- und Altpapiersammlung durch, deren Erlös für soziale und caritative Aufgaben im Land und für Entwicklungsprojekte in der Dritten Welt zur Verfügung gestellt wird.

Das Kolpingwerk Luxemburg ist auch der Initiator der jährlich stattfindenden Friedenswanderung des Internationalen Kolpingwerkes, an der immer mehr Mitglieder wie Nichtmitglieder aus den verschiedensten Ländern Europas teilnehmen und sich mit Fragen beschäftigen, wie im Kolpingwerk eine verstärkte Friedensarbeit geleistet werden kann.

Besondere Anerkennung muß dem Kolpingwerk Luxemburg gezollt werden für die Pflege der beruflichen Wanderschaft und des Berufsaustausches. In dieser Beziehung steht es in ständigem Kontakt mit den „Compagnons du Devoir", eine französische Organisation, die die berufliche Fortbildung und berufliche Wanderung seiner Mitglieder zum Ziel hat.

Das Kolpingwerk in Frankreich

Adolph Kolping hat wiederholt auf die Notwendigkeit eines Gesellenvereins und eines Gesellenhauses in Paris hingewiesen, weil die Hauptstadt Frankreichs viele junge Handwerker aus allen europäischen Ländern anzog. Er hat es aber nicht vermocht, sein Werk persönlich auf Paris auszudehnen. Erst im Jahre 1890 konnten junge Handwerker aus Deutschland einen Gesellenverein in Paris gründen. Aus vielen Berichten geht hervor, daß der Verein zu keiner Zeit ein aktives und lebendiges Leben entfalten konnte. Aber dennoch hat er es zu einem Gesellenhaus in der Seine-Metropole gebracht, in dem die zugereisten Gesellen ein „Vaterhaus in der Fremde" fanden.

Mit Beginn des Ersten Weltkrieges im August 1914 mußte der Gesellenverein seine Tätigkeit einstellen. Das Gesellenhaus wurde von der französischen Regierung beschlagnahmt. Seitdem ist es zu keiner Kolpingsfamilie und zu keinem Kolpinghaus in Paris mehr gekommen[168].

Die Kolpingsfamilie Straßburg

Im Jahre 1860 wurde demgegenüber der Gesellenverein Straßburg als „Oeuvre des Ouvriers" gegründet. Im Jesuitenorden fand der Verein eine echte Hilfe und Unterstützung, so daß er es schon im ersten Jahr auf 129 Mitglieder brachte. Im Oktober 1908 wurde ein Grundstück erworben, und zwei Jahre später konnte darauf mit dem Bau eines Gesellenhospitiums an der Bitscher Straße begonnen werden, das noch heute existiert.

Der Erste Weltkrieg schlug dem Verein große Wunden; dennoch konnte er sich nach dem Kriege schnell erholen und zu neuer Blüte unter der Leitung von Kanonikus Schieß aufsteigen. Von 1939 bis 1944 wurde das Kolpinghaus von der deutschen Kriminalpolizei besetzt.

Nach dem Zweiten Weltkrieg konnte Zentralpräses Kanonikus Schieß die Kolpingsfamilie wieder zu neuem Leben erwecken und das Kolpinghaus im Jahre 1950 seiner alten Bestimmung übergeben. Mit dem Tod von Zentralpräses Schieß am 13. September 1957 endete die Hoffnung, das Kolpingwerk in Elsaß-Lothringen und damit auch in Frankreich auszubreiten.

Sein Nachfolger Abbé Hoffarth bemühte sich zwar sehr um die Renovierung des Kolpinghauses und konnte es auch zu einem modernen Jugendwohnheim und zu einer echten Begegnungsstätte für die Jugend herrichten, aber es gelang ihm nicht, aktives Vereinsleben wieder aufzubauen. Diese Hoffnung wird nach seinem Tode im vergangenen Jahr nun auf den Heimleiter des Kolpinghauses, Herrn Hemberger, gesetzt, dem es im letzten zu verdanken ist, daß die Kolpingsfamilie Straßburg noch existiert.

Kolpingsfamilie Pas-de-Calais, Lenz

Abbé Spas, der die deutschen Kriegsgefangenen im Raum Lenz nach dem Kriege betreute, gründete mit ehemaligen Wehrmachtsangehörigen, die in den Kohlengruben von Lenz Arbeit gefunden hatten und darum in Frankreich blieben, die Kolpingsfamilie „Pas-de-Calais“ in Lenz. Er ist bis heute Präses dieser kleinen, aber sehr aktiven Gruppe geblieben. Mitbegründerin der Kolpingsfamilie war die lothringische Schriftstellerin Angelika Merkelbach-Pinks.

Die Kolpingsfamilie Lenz nimmt sich aller Volksgruppen in der Stadt an und engagiert sich besonders in der Bildungsarbeit und durch soziale Aktionen. Ein Hauptgewicht ihrer Arbeit sehen die Mitglieder in der Mitarbeit bei der Betreuung der vielen Soldatenfriedhöfe in der Umgebung von Lenz. Es bleibt zu hoffen, daß die Kolpingsfamilie „Pas-de-Calais“ durch ihre Aktivität den Anstoß für weitere Neugründungen in Frankreich gibt.

Das Kolpingwerk in Spanien

Im Jahr 1930 hat der deutsche Auslandsseelsorger Prälat Bernhard Birkenfeld in Madrid eine Kolpingsfamilie, die erste auf der Pyrenäenhalbinsel, gegründet. Während des Bürgerkrieges in Spanien ging sie aber bald zugrunde[169].

Wenn heute wieder eine Kolpingsfamilie in Spanien existiert, dann ist das der Initiative von Pfarrer Aiginger, dem Seelsorger der deutschen Gemeinde in Barcelona, zu verdanken. 1976 gründete er hier die Kolpingsfamilie. Sie besteht aus etwa 80 Mitgliedern, die sich je zur Hälfte aus Spaniern und deutschsprachigen Einwohnern zusammensetzt. Da die deutschsprachigen Mitglieder zum größten Teil aus dienstlichen Gründen nur für kurze Zeit in Barcelona sind, ist die Fluktuation groß. Dennoch wächst die Zahl der aktiven Mitglieder.

Die Kolpingsfamilie Barcelona bietet Mitgliedern wie Nichtmitgliedern eine Fülle von Angeboten an; angefangen von religiösen Bildungsveranstaltungen über Ehe- und Familienseminare bis hin zu Tanzkursen und sportlichen Veranstaltungen. Ein besonderer Schwerpunkt ist die Jugendarbeit. Auf diese Weise trägt sie wesentlich zum aktiven Leben der deutschen Auslandsgemeinde bei.

Das Kolpingwerk in Dänemark

Obgleich es in Dänemark nur wenige Katholiken gibt, wurde kurz nach dem Tode Kolpings dennoch ein Katholischer Gesellenverein in Kopenhagen gegründet, dessen Präses Kaplan H. Böhmer war. Am 27. November 1870 wurde dieser Verein durch den Apostolischen Präfekten für Dänemark, H. Gruder, bestätigt. Wie lange der Gesellenverein bestanden hat, läßt sich nicht mehr festhalten[170].

Für einen katholisch-sozialen Verband ist es sehr schwer, in Skandinavien Fuß zu fassen. Die ausgesprochene Diasporasituation und die weite Zerstreuung der Gläubigen erschwert jede Gemeinschaftsbildung und auch jeden Verbandsaufbau.

Dennoch ist es 1980 gelungen, in Tastrup-Kopenhagen eine Kolpingsfamilie zu gründen. Diese Gründung wurde bewußt und gezielt angestrebt, weil man sich von der familienhaften Gemeinschaft der Kolpingsfamilie eine Möglichkeit versprach, die in der Zerstreuung lebenden Katholiken zu sammeln. Denn in einer Gemeinde wie Tastrup mit Katholiken aus mehr als zwanzig Nationen ist es nicht leicht, eine Gemeinde zu bilden, wenn nicht menschliche Kontakte dazu beitragen.

Dem sollte die Kolpingsfamilie dienen. Darin hat man sich nicht getäuscht.

Seit ihrer Gründung hat die Kolpingsfamilie Tastrup-Kopenhagen bereits ein segensreiches Wirken und Leben entfaltet. Sie ist in der kurzen Zeit zu einem echten Kristallisationspunkt in der Gemeinde geworden. Man trifft sich zu Gesprächskreisen, unternimmt gemeinsame Aktionen zur Unterstützung der Caritas und Mission, und man ist ständig bemüht, die Pfarrei und deren Aufgaben zu unterstützen. Wenn die Kolpingsfamilie Tastrup zunächst auch noch eine kleine Gemeinschaft ist, so hat sie doch eine starke Ausstrahlungskraft. Sie könnte ein Modell für weitere Kolpingsfamilien in den skandinavischen Ländern werden.

Kolping in Nord- und Südamerika

Der Zentralverband USA

In der Zeit bis zum Tode Adolph Kolpings gab es in den Vereinigten Staaten folgende vier Gesellenvereine: St. Louis (1856), Racine (1858), Quincy (1858) und Milwaukee (1859). Außer St. Louis gingen sie aber bald wieder ein. In einer zweiten Epoche wurden die Gesellenvereine Dayton (1867), Chicago (1872) und New York (1888) gegründet. Von diesen existieren heute noch Chicago und New York.

Der Erste Weltkrieg hat das Kolpingwerk zwar nicht völlig zerstört, aber von den sieben Vereinen der Vorkriegszeit nahmen nur St. Louis, Chicago und New York die Arbeit nach dem Kriege wieder auf. Neue Vereine kamen hinzu: Cincinnati (1924), Brooklyn (1924), Philadelphia (1925), San Francisko (1925), Detroit (1926), Rochester (1926), Buffalo (1928), Los Angeles (1928), Cleveland (1930), Newark (1931) und Baltimore (1931). Nach dem Zweiten Weltkrieg konnten die Kolpingsfamilien Cleveland und Baltimore nicht wieder aufgebaut werden[171].

Der Zentralverband USA hat in der Nachkriegszeit wesentlich zum Wiederaufbau des Kolpingwerkes in Europa beigetragen, indem er bedeutende finanzielle Mittel für das zerstörte Generalsekretariat und für die zerbombte Minoritenkirche zur Verfügung stellte. Unvergessen bleiben die Paketaktionen der Mitglieder des Kolpingwerkes in den USA für notleidende Familien in Deutschland und Österreich. Darüber hinaus hat sich der Zentralverband USA in den ersten Nachkriegsjahren besonders der Einwanderer angenommen und ihnen bei der Arbeitssuche und beim Aufbau einer neuen Existenz geholfen.

Nach diesen großartigen Leistungen kam aber für das Kolpingwerk in Nordamerika eine sehr schwere Zeit. Mit dem Nachlassen des Einwandererstromes aus Europa entstand für die einzelnen Kolpingsfamilien das Problem, eine neue Zielsetzung und Aufgabenstellung zu finden. Nicht allen Vereinen ist dies gelungen, weil sie sich nicht zeitig genug auf die neue Situation einstellen konnten. Die Folge war, daß sie allmählich ausstarben.

Der Führung des Zentralverbandes, allen voran dem Zentralpräses Helwick Krewitt OFM und dem Zentralvorsitzenden Ted Tegenkamp, ist es jedoch gelungen, den einzelnen Kolpingsfamilien neue Impulse für ihre Arbeit zu geben und ihnen neue Zukunftsperspektiven aufzuzeigen. So wurde durch regelmäßige Seminare für Führungskräfte auf nationaler Ebene das Bewußtsein dafür geweckt, neben den Veranstaltungen mit geselligem und kulturellem Charakter auch die religiöse und gesellschaftspolitische Bildungsarbeit zu pflegen und zu fördern. Dadurch rückte die Kolpingsfamilie als Bildungsgemeinschaft in den letzten Jahren wieder in den Vordergrund.

Diese umfassende Arbeit im Sinne der Zielsetzung des Kolpingwerkes brachte den Kolpingsfamilien eine neue Anziehungskraft. Die Mitgliederzahl wuchs nach Jahren der Stagnation und des Rückgangs seit Mitte der siebziger Jahre wieder stetig an. Auch konnten in den verschiedenen Kolpingsfamilien Jugendgruppen gegründet und aufgebaut werden.

Ein deutliches Zeichen für die wachsenden Aktivitäten der Kolpingsfamilien und für das wiedergewonnene Selbstbewußtsein ist der Kauf eines zweiten Kolpinghauses durch die Kolpingsfamilie New York und der Erwerb eines großen Grundstückes durch den Verein in Cincinnati, um die schon vorhandenen vielfältigen Aktivitäten noch weiter ausbauen zu können.

Nach fünfzig Jahren konnte zu Beginn dieses Jahres wieder eine neue Kolpingsfamilie in Passiac gegründet werden. Erfreulich daran ist, daß sie auf Pfarrebene errichtet und nicht nur von deutschsprachigen Mitgliedern gebildet wurde, sondern von nicht deutschstämmigen Bürgern. Damit wurde erstmals ein neues Strukturprinzip in den USA geschaffen, das richtungweisend werden könnte für weitere Neugründungen von Kolpingsfamilien in anderen Pfarreien.

In diesem Jahr feiert die Kolpingsfamilie St. Louis und damit das Kolpingwerk in den USA das 125jährige Bestehen. Mit diesem Jubiläum findet ein „Amerikanischer Kolpingtag“ statt, der neue Impulse für die Arbeit des Zentralverbandes der USA geben soll. Zielsetzung und Aufgabenstellung des Kolpingwerkes sollen in einem auf die Zukunft ausgerichteten Programm festgeschrieben werden.

Der Zentralverband Canada

Bereits im Jahre 1930 wurde der Versuch unternommen, in der Stadt Regina, Provinz Saskatchewan, eine Kolpingsfamilie zu gründen. So hoffnungsvoll dieser Versuch auch war, so hatte sie doch nur eine kurze Lebensdauer.

Erst nach dem Zweiten Weltkrieg kam es durch deutsche Einwanderer zu Gründungen von Kolpingsfamilien in Toronto (1955), Winnipeg (1955), Vancouver (1956), Calgary (1956), Hamilton/Ontario (1958) und Edmonton (1959). Von diesen besteht die Kolpingsfamilie Calgary nicht mehr. Alle sind in den deutschen Pfarreien der genannten Städte angesiedelt, wo sie eine Stütze für das Gemeindeleben bilden.

Diese enge Bindung an die deutsche Pfarrei bildete auch eine Gefahr für die Kolpingsfamilie. Denn dadurch bekam sie nur schwer den Kontakt zu nicht deutschsprechenden Bewohnern des Landes, so daß sie diese daher auch nicht für eine Mitarbeit und Mitgliedschaft gewinnen konnte. Selbst die eigenen Kinder ließen sich nur schwer für die Mitarbeit in der Kolpingsfamilie begeistern, weil sie die deutsche Sprache kaum noch beherrschen und sich auch schon als „Canadier" fühlen.

Seit Anfang der siebziger Jahre bemüht man sich nun in allen Kolpingsfamilien sehr intensiv darum, die englische Sprache bei den Veranstaltungen und in den Publikationen zu verwenden und die Bildungs- und Freizeit-

Berufsbildungszentrum in Sao Paulo/Brasilien

Vorderseite: Entwicklungshelfer des Kolpingwerkes sind in den verschiedensten Ländern der Dritten Welt tätig

angebote auch auf alle Bewohner des Landes auszudehnen. Das hat allerdings auch Widerstände und Spannungen ausgelöst. Aber der Weitblick der Führungskräfte und die notwendige Geduld bei der Durchsetzung dieser Maßnahmen sind nicht ohne Erfolg geblieben. Das zeigte sich besonders auf der Zentralversammlung vom 1. bis 3. Juli 1979 in Edmonton, an der der Autor persönlich teilgenommen hat.

Diese Zentralversammlung hat neue Akzente für die zukünftige Arbeit des Zentralverbandes Canada gesetzt. Der neugewählte Zentralvorstand hat sich damals die Jugendarbeit als Hauptaufgabe gestellt mit dem Ziel, in allen Kolpingsfamilien eine Jugendgruppe zu gründen. Wenn dieses Ziel heute schon erreicht ist, so zeigt dies, daß die einzelnen Kolpingsfamilien durchaus in der Lage sind, junge Leute anzuziehen.

Die Öffnung auf alle Bewohner und Gruppen des Landes hin, sofern sie sich zu den Zielen und Aufgaben des Kolpingwerkes bekennen, hat ferner schon jetzt zu der Neugründung einer Kolpingsfamilie in einer nichtdeutschen Pfarrei in Vancouver geführt, an deren Gründung der jetzige Zentralvorsitzende Dieter Howald einen großen Anteil hat. Es ist mit weiteren Gründungen dieser Art zu rechnen, da das Kolpingwerk in Canada zur Zeit eine starke Ausstrahlungskraft hat.

Der Zentralverband Brasilien

In São Paulo, nach Rio de Janeiro die größte und bedeutendste Stadt Brasiliens, wurde am 22. Juni 1923 auf Anregung des Benediktinerabtes Dr. Michael Krusen von San Bento durch Pater Meinolf Voß OSB mit einigen eingewanderten Kolpingssöhnen die erste Kolpingsfamilie in Brasilien gegründet. Ein Jahr später, am 24. August 1924, folgte die Gründung einer Kolpingsfamilie in Rio de Janeiro, die aber nur wenige Jahre existierte. Als Generalsekretär Dr. Nattermann Brasilien bereiste, gründete er 1931 die Kolpingsfamilie Itapiranga im Staate Santa Catarina. Eine vierte Kolpingsfamilie gab es vor dem Krieg in Curitiba. Wann sie gegründet wurde, steht nicht genau fest. Ebenfalls gibt es keine genauen Nachrichten darüber, wie lange sie bestanden hat[172].

Als Brasilien im Jahre 1942 in den Zweiten Weltkrieg eintrat, wurden alle deutschen Vereine verboten. Da die Kolpingsfamilien als brasilianische Vereine eingetragen waren, betraf sie das Verbot nicht direkt. Aber dennoch mußte die Arbeit ruhen, bis die brasilianische Regierung im Jahr 1951 das Verbot aufhob.

Mit der Wiedereröffnung des Kolpinghauses in Piraquara am 26. Oktober 1951 nahm die Kolpingsfamilie São Paulo die Arbeit wieder auf. Ihre Hauptaufgabe sah sie darin, den Einwanderern aus Europa bei der Beschaffung von Arbeitsplätzen behilflich zu sein. Um den Zugereisten zunächst ein Zuhause geben zu können, wurde im Jahr 1953 der erste Teil und 1954 der zweite Teil des neuen Kolpingshauses mit dreißig Betten errichtet. Mit der Fertigstellung des neuen Saales im Jahre 1956 wurde das Kolpinghaus eine Stätte der Begegnung für Mitglieder und Nichtmitglieder und zu einem kulturellen Zentrum für viele Gruppen und Vereine.

Vom 13. März bis 2. April 1968 besuchten Generalpräses Fischer und Generalsekretär Ritzerfeld Brasilien, um die „Aktion Brasilien" vorzubereiten, die dann – wie schon ausführlich dargelegt – auf der XXIII. Generalversammlung vom 13. bis 14. Juni 1968 in Salzburg beschlossen wurde. Ein Jahr später konnte bereits der erste

Berufsbildungskurs in São Paulo durchgeführt werden.

Ging man zunächst davon aus, in Diadema, einem Vorort von São Paulo, ein großes Berufsausbildungszentrum und auf dem Gelände des Kolpinghauses ein Schulzentrum zu errichten, so wurde dieser Plan 1972 aufgegeben, um in den Stadtrandgebieten unter den Ärmsten der Armen möglichst viele kleine Ausbildungszentren zu schaffen. In diesem Sinne wurde die zukünftige Arbeit des Kolpingwerkes in Brasilien zwischen Kardinal Evaristo Arns, São Paulo, und Generalpräses Festing und Zentralpräses Zack (Österreich) am 20. November 1972 festgelegt. Kardinal Arns erklärte sich bereit, das Protektorat zu übernehmen, und Caritasdirektor Padre Luciano Grilli übernahm kommissarisch die Verantwortung für die Arbeit des Kolpingwerkes.

Den zügigen Aufbau dieser kleinen Entwicklungsprojekte im Sinne der „Hilfe zur Selbsthilfe“ verdanken wir neben Padre Luciano Grilli in besonderer Weise Kaplan Justin Kleinwächter aus der Diözese Münster, der am 1. Januar 1973 nach Brasilien ging, um die Aufgabe des Koordinators für das Kolpingwerk zu übernehmen.

Mit dem Aufbau der Einzelprojekte nahmen auch die Neugründungen von Kolpingsfamilien zu. Auf der Generalversammlung am 20. November 1973, bei der die Neuwahl des Zentralvorstandes stattfand, waren acht Kolpingsfamilien vertreten. Zum Ersten Vorsitzenden wurde Padre Luciano Grilli, zum Zentralpräses Padre Paulo Link, Priester aus der Diözese Fulda, und zum Koordinator Padre Justin Kleinwächter gewählt. Weiter gehörten so verdiente Leute wie Gustavo Hufnagel von der Kolpingsfamilie São Paulo dem Zentralvorstand an. Mit der Genehmigung des Zentralstatuts des brasilianischen Kolpingwerkes durch das Generalpräsidium am

25. März 1973 wurde die Gründung des Brasilianischen Zentralverbandes durch den Generalpräses offiziell bestätigt.

Von diesem Zeitpunkt an nahm das Kolpingwerk in Brasilien eine steile Aufwärtsentwicklung. Dazu trugen die im Mai 1975 erstmals monatlich erscheinende Verbandszeitschrift „Kolping“ und die „Zeitschrift für Führungskräfte“ wesentlich bei. Denn schon am 11. September 1975 konnte in der Diözese Rio do Sul im Süden Brasiliens der erste Diözesanverband mit 7 Kolpingsfamilien gegründet werden. Ebenfalls fanden Neugründungen im Mato Grosso und im Nordosten des Landes statt.

Am ersten Nationalkongreß vom 22. bis 25. Juli 1976 in São Paulo nahmen 70 Delegierte aus 28 Kolpingsfamilien teil. Die Delegierten befaßten sich sehr intensiv mit Fragen der Bildungsarbeit in den einzelnen Kolpingsfamilien. Referate zu diesen Fragen hielten neben anderen Kardinal Arns und Generalpräses Festing, der mit Diözesanpräses Schraml aus Regensburg ebenfalls an diesem Kongreß teilnahm. Als Nachfolger für Padre Luciano Grilli, der wegen Arbeitsüberlastung von seinem Amt zurücktrat, wurde Padre José Maria Camino Saracho zum neuen ersten Vorsitzenden gewählt.

Welches Ansehen und welche Wertschätzung das Kolpingwerk inzwischen gewonnen hatte, zeigte sich auf dem zweiten Nationalkongreß vom 20. bis 24. Juli 1977 in São Paulo darin, daß der Staatsminister für soziale Fragen des Bundesstaates São Paulo vor den 182 Delegierten über das Thema sprach: „Die Notwendigkeit der Sozialarbeit“. Den Erfolg dieser Arbeit im Brasilianischen Kolpingwerk gibt der Jahresbericht 1977 wieder: In 299 Berufsbildungskursen wurden 5628 Personen zu Facharbeitern ausgebildet.

Ein harter Schicksalsschlag traf das Kolpingwerk in Brasilien durch den plötzlichen Tod von Padre Justin Kleinwächter am 9. Dezember 1979. Unter größten Schwierigkeiten war es ihm gelungen, in der kurzen Zeit seines Wirkens in Brasilien einen Zentralverband aufzubauen. Es ist im wesentlichen ihm zu verdanken, wenn das Kolpingwerk in Brasilien so schnell Fuß gefaßt hat und durch die konkrete Arbeit der brasilianischen Kolpingsfamilien in jedem Jahr Tausenden von Menschen geholfen werden kann.

Sein Werk wird aber zielstrebig weitergeführt. Zentralpräses Paulo Link, dem mit dem Zentralvorstand die Hauptlast für die Kolpingarbeit in Brasilien nach dem Tod von Justin Kleinwächter zugefallen ist, konnte inzwischen verschiedene Regionalverbände aufbauen und eine Reihe neuer Kolpingsfamilien gründen. In einem Brief vom 8. April 1981 schreibt er: „Das Kolpingwerk besteht zur Zeit aus 49 Kolpingsfamilien mit 7400 Mitgliedern. Weitere 40 Kolpingsfamilien befinden sich im Aufbau, und 75 Gruppen interessieren sich für Kolping, mit denen wir in Kontakt stehen. Im Jahr 1980 nahmen 10950 Personen an Berufskursen und anderen Programmen teil. Wir registrierten 122600 Personen, denen im assistentiellen Bereich durch Nahrungsmittel, Kleidung, Medikamente, Wohnung, Dokumente etc. Hilfe zuteil wurde.“[173]

Der Zentralverband Argentinien

Am 9. Mai 1923 wurde der Gesellenverein Buenos Aires gegründet. Zum Präses wurde Pater Franz Xaver Zens, Seelsorger der deutschen Gemeinde, gewählt, der aber schon nach einem Jahr sein Amt zurückgeben mußte.

Sein Nachfolger wurde am 1. April 1924 der Caritasdelegierte Pater Franz Josef Brecht aus Freiburg im Breisgau. Unter seiner Leitung nahm der Verein einen großartigen Aufschwung. Besonders kümmerte man sich um die Einwanderer aus Europa. Durch den Zweiten Weltkrieg wurden aber alle Aktivitäten völlig unterbunden.

Nach Beendigung des Krieges gelang es daher nur mühsam, eine Verbindung zwischen der Zentrale in Köln und dem Kolpingwerk in Argentinien wiederherzustellen. Für den 9. Dezember 1956 wurden die ehemaligen Mitglieder zum erstenmal wieder in das Bonifatiushaus der deutschen Gemeinde eingeladen. Ein halbes Jahr später, am 24. Mai 1957, fand die Generalversammlung statt, auf der die Kolpingsfamilie Buenos Aires zu neuem Leben erweckt wurde. 38 Kolpingssöhne hatten sich eingefunden. Zum Präses wurde Pater Carlos Boskamp SAC, zum Senior Hans Gorzny und zum Altsenior Albert Gödecke gewählt[174].

Mit dem Ausbleiben der Einwanderer aus Europa in den sechziger Jahren erlahmte auch das Vereinsleben. Ein entscheidender Einschnitt erfolgte daher im Jahre 1968 durch die Neufassung der Vereinsstatuten und durch die Bildung des „Movimiento Kolping", einer Einrichtung zur Durchführung von berufsbildenden Kursen für alle Volksgruppen. Diese Öffnung und Umorientierung der Kolpingsfamilie ermöglichten es, mit Hilfe der deutschen Bundesregierung Kurse wie „Menschenführung im Betrieb" und andere durchzuführen. Solche entwicklungspolitischen Bemühungen wurden nicht nur in Buenos Aires durchgeführt, sondern auf das ganze Land ausgedehnt. Lobenswerterweise konnten diese Kurse in den Jahren von 1972 bis 1974 in voller Höhe aus Mitteln des „Movimiento Kolping" bestritten werden. Mit der Unterstützung dieser

Kurse durch Adveniat im Jahre 1974 wurde die Arbeit des „Movimiento Kolping“ im vollen Umfang anerkannt.

Von 1975 an hat das Kolpingwerk in Argentinien dann in Zusammenarbeit mit den Don-Bosco-Pfadfindern Kurse für Jugendleiter in Buenos Aires und anderen Städten des Landes durchgeführt. Dank und Anerkennung gilt dafür besonders Dr. Paris, Gustav Huber und Ernst Bamberg.

Aufgrund dieser Kurse konnte der Autor bei seinem Besuch mit Diözesanpräses Schraml aus Regensburg und Justin Kleinwächter, dem Koordinator des Kolpingwerkes in Brasilien, im Jahre 1976 in Argentinien mit verschiedenen Bischöfen und Priestern Kontakte aufnehmen, um das Kolpingwerk dort weiter auszubreiten. Als erster nahm Pfarrer Alois Lehner, Diözesanpriester aus Regensburg, diese Idee auf und bereitete in seiner Pfarrei Transradio, einem Vorort von Buenos Aires, die Gründung einer Kolpingsfamilie vor, die im Jahre 1978 offiziell vollzogen werden konnte. Noch im gleichen Jahr wurde Dank der Unterstützung des Diözesanverbandes Regensburg das neue Kolpinghaus eingeweiht, in dem berufsbildende Kurse durchgeführt werden.

Das Kolpingwerk Argentinien erwarb mit Hilfe des Internationalen Kolpingwerkes 1977 im Stadtteil La Boca von Buenos Aires ein großes Haus, das so umgebaut wurde, daß es nun sowohl dem Zentralverband dient als auch für Bildungsmaßnahmen aller Art benutzt werden kann. Damit war das Zentrum für den Aufbau des Kolpingwerkes geschaffen.

Die Einweihung des Zentralbüros hat der Autor am 22. Juni 1978 zum Anlaß genommen, um mit Kardinal Aramburu von Buenos Aires über die Freistellung eines

Priesters für den Aufbau des Kolpingwerkes in Argentinien zu sprechen. Bereits im Dezember 1978 konnte Pater Louis Martinoia, der zuvor Regens eines Priesterseminars war, mit dieser Aufgabe beginnen. Der Kardinal hatte sein Versprechen gehalten, den fähigsten Seelsorger dafür zur Verfügung zu stellen. Der Erfolg blieb nicht aus, denn in kurzer Zeit gründete Präses Martinoia eine Reihe neuer Kolpingsfamilien, weil ihn die Idee und das Programm Adolph Kolpings faszinierten. Seit dem 23. Juni 1979 ist er Präsident und Zentralpräses des Zentralverbandes Argentinien.

Als größtes Entwicklungshilfeprojekt konnte das Berufsbildungszentrum in Villa Cabello/Posadas mit Unterstützung der Erzdiözese Paderborn, des Kolpingwerkes Diözesanverband Paderborn und anderer Spender in den Jahren 1978/79 weiter ausgebaut werden, so daß es nun neben der Werkstatt für Schreiner und einem Produktionsbetrieb für Zementsteine aller Art auch einen Kindergarten und eine Schule für etwa 750 Kinder umfaßt. Durch dieses Projekt ist bereits eine ganz neue Siedlung – Villa Cabello – außerhalb von Posadas entstanden.

Gegenwärtig gibt es in Argentinien sechs Kolpingsfamilien mit 452 Mitgliedern. Alle Kolpingsfamilien führen berufsbildende Kurse und Maßnahmen durch. Für das Jahr 1981 stehen weitere Neugründungen von Kolpingsfamilien an. Zudem wird noch in diesem Jahr jeweils ein neues Berufsbildungszentrum in Opelia und in Wilde – beides große Gemeinden im Raum Buenos Aires – gebaut.

Das Kolpingwerk in Chile

Das Kolpingwerk in Chile verdankt seine Entstehung dem Kapuziner-Bruder Florian Stöhr. Als junger Kolpingssohn aus Aschaffenburg trat er in den Kapuzinerorden, einen Hauptzweig des Franziskanerordens, ein. Seit vielen Jahrzehnten ist er in Chile und hütet die Pforte des Kapuzinerklosters in Padre Las Casas im Apostolischen Vikariat Araukanien. Sein Wunsch war es sein Leben lang, das Kolpingwerk in Chile anzusiedeln und damit auch besonders den Indianern zu helfen. Aus diesem Grunde bettelte er über Jahrzehnte für ein Kolpinghaus, das der Autor bei seinem Besuch in Padre Las Casas mit Hans Tegeler, Diözesanvorsitzender von Osnabrück, am 1. Juli 1980 einweihen konnte. Als Dank für seinen unermüdlichen Einsatz wurde Bruder Stöhr anläßlich der Einweihung des Hauses das Silberne Ehrenzeichen des Kolpingwerkes verliehen.

Das erste Kolpinghaus in Chile, das fast ausschließlich durch die Bettelaktionen von Bruder Florian Stöhr errichtet wurde – das Internationale Kolpingwerk hat lediglich bei der Restfinanzierung geholfen –, bietet vierzig jungen Menschen in praktischen Ein- und Zweibettzimmern Platz und verfügt über genügend Freizeit- und Konferenzräume. Vorwiegend sollen Indianer während ihrer beruflichen Ausbildung in diesem Hause wohnen. Darüber hinaus steht das Kolpinghaus aber auch den Mitgliedern der Kolpingsfamilie und Nichtmitgliedern für Versammlungen und Bildungskurse zur Verfügung. Es ist vorgesehen, dem Kolpinghaus ein berufliches Ausbildungszentrum anzugliedern. Das Nachbargrundstück des Kolpinghauses wurde dafür bereits erworben.

Bruder Florian Stöhr konnte die beiden Seelsorger in Villarrica, Pfarrer Walter Heckemeier und Vikar Gerhard Frank, die beide als ehemalige Kolpingmitglieder über den zweiten Bildungsweg zum Priestertum kamen, für die Idee Kolpings in Chile gewinnen. Gemeinsam haben sie dann im Apostolischen Vikariat Araukanien Kolpingsfamilien in Padre Las Casas, Villarrica, Freire, Las Starria, St. José, Pucon und Panquipulli gegründet. Die Kolpingsfamilie Villarrica hat sich ebenfalls ein eigenes Heim gebaut, das der Autor am 30. Juni 1980 einweihen durfte.

Pfarrer Heinrich Römer, der über zwanzig Jahre als Seelsorger in der Indianerreduktion Pucura tätig ist, bemüht sich hier, eine Kolpingsfamilie aufzubauen. Mit den jungen Indianern arbeitet er bereits intensiv nach dem Programm des Kolpingwerkes. Sein Anliegen ist es, den Indianern auf Zukunft hin eine Existenzmöglichkeit zu geben. Dem soll vornehmlich die berufliche Ausbildung dienen. Zudem möchte er den Indianern über die Landwirtschaft kleine Erwerbsquellen durch Milchverwertung, Bienenzucht usw. schaffen.

Über das Apostolische Vikariat Araukanien hinaus sind die Bischöfe von Temuco, Osorno und Chillan sehr an der Arbeit des Kolpingwerkes interessiert. Ansatzpunkte für eine weitere Ausbreitung der Kolpingarbeit sind also in Chile in genügendem Maße gegeben. Es fehlt hier nur eine Persönlichkeit, die die Arbeit koordiniert und vorantreibt.

Schwerpunkte der Arbeit des Kolpingwerkes in Chile sind neben den allgemeinen Aufgaben des Kolpingwerkes die berufliche Aus- und Weiterbildung, um mitzuhelfen, einen handwerklichen Mittelstand aufzubauen, was für die Zukunft des Landes von entscheidender Bedeutung sein wird. Diese Aufgabe möchte das Internationale Kolpingwerk durch seine Entwicklungshilfeaktionen im Sinne der Hilfe zur Selbsthilfe unterstützen.

Das Kolpingwerk in Mexiko

Im Jahre 1955 wurde schon einmal durch einen ehemaligen Bezirkssenior aus der Erzdiözese Köln, der nach Mexiko ausgewandert war, der Versuch unternommen, in Mexiko eine Kolpingsfamilie zu gründen. Bei dem Versuch blieb es[175]. Dagegen gelang es nun aber dem jungen mexikanischen Priester Padre Miguel Angel Vasquez-Montano, das Kolpingwerk in Mexiko zu verbreiten. Er hatte seine theologischen Studien in Rom absolviert. Während der Semesterferien im Sommer 1978 nahm er an den internationalen Jugendwochen des Kolpingwerkes auf der Schönburg in Oberwesel teil. Dabei lernte er das Gedankengut Adolph Kolpings kennen. Von der Zielsetzung und Arbeit des Kolpingwerkes war er so beeindruckt, daß er es unbedingt auch in seinem Heimatland ansiedeln wollte. Nach einem kurzen Studium des Kolpingwerkes in Brasilien bereitete er die Ausbreitung in Mexiko vor. Dabei war ihm besonders Zentralpräses Paulo Link aus São Paulo behilflich. In seiner Anwesenheit konnte die Gründung der ersten Kolpingsfamilie in Altotonga am 12. Oktober 1980 vorgenommen werden.

Bei dieser ersten Gründung ist es aber nicht geblieben. Mit der wohlwollenden Unterstützung des Erzbischofs von Xalapa, Exzellenz Dr. Sergio Obeso Rivera, bemüht sich Padre Miguel Angel Vasquez-Montano, weitere Kolpingsfamilien aufzubauen. Eine zweite existiert bereits in Zozocolco und weitere sind in Vorbereitung.

Bei dem Aufbau des Kolpingwerkes in Mexiko stützt man sich auf die Erfahrungen der Arbeit in Brasilien. So kann man sagen, daß die Kolpingarbeit in Brasilien immer mehr zu einem Modell für alle Länder Lateinamerikas wird.

Das Kolpingwerk in Bolivien

Am 4. Dezember 1980, dem Todestag Adolph Kolpings, wurde in Villa Adela, einem Stadtteil von La Paz, die erste Kolpingsfamilie in Bolivien gegründet. Die Initiative ging von Schwester Irma Carmen Chisi aus, die dem Säkularinstitut angehört, das in Germete bei Warburg gegründet und auf Brasilien ausgedehnt wurde. Schwester Carmen hatte einige Zeit mit Zentralpräses Paulo Link in der Pfarrei Carapicuiba in Brasilien zusammengearbeitet, bevor sie nach Bolivien ging, und dabei das Kolpingwerk kennengelernt. Sie lud daher den Zentralpräses des Brasilianischen Kolpingwerkes nach La Paz ein, um über Adolph Kolping und sein Werk zu sprechen. Seine Ausführungen fielen auf so guten Boden, daß nach wenigen Monaten die Gründung der Kolpingsfamilie Villa Adela vorgenommen werden konnte. Damit erfüllte sich auch ein Wunsch von Kardinal José Clemente Maurer aus der Erzdiözese Sucre, der schon oft die Bitte geäußert hat, das Kolpingwerk in Bolivien anzusiedeln. Das berechtigt zu der Hoffnung, daß es bald zu weiteren Neugründungen kommen wird.

Bolivien gehört zu den ärmsten Ländern Lateinamerikas. Das Kolpingwerk könnte hier wie in Brasilien behilflich sein, der notleidenden und hilfsbedürftigen Bevölkerung durch Berufsbildungskurse und andere Maßnahmen als Hilfe zur Selbsthilfe den Weg in eine bessere Zukunft zu bahnen. Dabei wird man sich auf die Erfahrungen der Arbeit in Brasilien stützen können.

Kolping in Asien

Der Zentralverband Indien

Die Geschichte des Kolpingwerkes in Indien reicht bis in das Jahr 1962 zurück. Damals wurde von dem Kolpingssohn und Entwicklungshelfer Karl Konermann aus Rheine/Westfalen in Worli, einem Stadtteil im Hafenviertel von Bombay, die erste Kolpingsfamilie in Indien gegründet. Mit den Mitgliedern der jungen Kolpingsfamilie baute er auf dem Kirchengrundstück der Pfarrei Worli ein kleines bescheidenes Kolpinghaus, das den Zusammenkünften der Mitglieder und auch der Durchführung von Bildungskursen und beruflichen Lehrgängen dient. Leider muß es nun dem notwendigen Erweiterungsbau der Pfarrkirche weichen.

Nach einem hoffnungsvollen Start geriet die Kolpingsfamilie durch häufigen Präseswechsel und durch Meinungsverschiedenheiten in der Pfarrei Worli in eine Krise, die zwar die Aktivitäten einschränkte und hemmte, aber die Kolpingsfamilie nicht zum Erliegen brachte, wofür den Laien in der Führung der Kolpingsfamilie Dank und Anerkennung gesagt werden muß.

Nach einem Besuch des Vorsitzenden der Kolpingsfamilie Worli, George Rodriguez, in Deutschland im Jahre 1977, bahnte sich eine neue Entwicklung an. Die Kolpingsfamilie schloß sich einer Fischereikooperativen an, die den Mitgliedern mit Unterstützung des Internationalen Kolpingwerkes den Ankauf von Booten und modernen Fangnetzen für den Fischfang ermöglicht und für einen preisgerechten Absatz sorgt. Diese Hilfe ist so erfolgreich, daß die Fischer schon nach wenigen Monaten einen Teil der erhaltenen Unterstützung zurückzahlen können und die Kolpingsfamilie so in die Lage versetzen, diese Mittel anderen wieder für neue Boote und Netze zur Verfügung zu stellen. Damit leistet die Kolpingsfamilie Worli echte Hilfe zur Selbsthilfe. Dieses Projekt hat darum große Anerkennung im Bereich der Entwicklungshilfe gefunden.

Ein neuer Schwerpunkt der Kolpingarbeit ist in den letzten Jahren in Kerala, dem südwestlichsten Bundesstaat Indiens, entstanden. In dieser Provinz leben die meisten Christen und Katholiken. Darum bieten sich hier auch die besten Ansatzpunkte für die Ausbreitung des Kolpingwerkes. Durch seinen unermüdlichen persönlichen Einsatz konnte Pater José Akkarakaran, der das Kolpingwerk in Deutschland kennengelernt hat, inzwischen in fünf Diözesen 21 Kolpinggruppen aufbauen. In vorbildlicher Weise verwirklicht Pater Akkarakaran mit diesen Gruppen das Programm Adolph Kolpings durch religiöse Bildungsarbeit und durch soziale Aktionen, wie Nähkurse für Mädchen und Frauen oder durch Arbeitseinsätze der Männer zum Bau oder zur Reparatur von Häusern für bedürftige Familien.

Anders ist die Situation in der Diözese Sagar, wo auf Initiative von Pater Paul Pallipadan, der das Kolpingwerk in der Erzdiözese Paderborn studiert hat, seit 1979 sieben Kolpinggruppen entstanden sind. Die Diözese Sagar ist ausgesprochenes Missionsgebiet. Hier leben nur wenige Christen, deren Situation von größter Armut gekennzeichnet ist. Neben der Spiritualität verlegt Pater Paul Pallipadan das Schwergewicht der Arbeit der Kolpinggruppen in Verbindung mit Schwesterngemeinschaften und anderen kirchlichen Einrichtungen auf die Familienhilfe. Bei dieser Hilfe wird kein Unterschied zwischen christlichen, hinduistischen, muselmanischen oder buddhistischen Familien gemacht. Schwerpunkte der Arbeit sind im wesentlichen die Einrichtungen von

Schulen, Krankenambulatorien und besonders die Wasserversorgung, eines der Hauptprobleme in diesem Gebiet.

Während des Besuches des Autors der einzelnen Kolpingsfamilien in Indien vom 23. Februar bis zum 9. März 1981, in Begleitung des Diözesanpräses Rudolf Geiselberger aus Augsburg, wurde am 1. März 1981 der Zentralverband Indien gegründet, der erste Zentralverband des Kolpingwerkes in einem asiatischen Land. Damit verbunden war die Bildung eines kommissarischen Zentralvorstandes. Bischof James Pazhayattil aus der Diözese Irinjalakuda erklärte sich bereit, vorläufig das Protektorat über das Kolpingwerk in Indien zu übernehmen. Pater Akkarakaran wurde mit seiner Zustimmung zum kommissarischen Zentralpräses berufen. Ebenso wurden ein Zentralsekretär und weitere Vorstandsmitglieder bestellt.

Es gibt also gute Ansätze für den Aufbau des Kolpingwerkes in Indien. Wie in Südamerika kann es hier zu einer großen sozialen Bewegung werden zum Wohle der Menschen dieses Landes. Das wird aber nur gelingen mit der tatkräftigen Hilfe durch das Internationale Kolpingwerk.

Kolping in Afrika

Das Kolpingwerk in Südafrika

Im Jahre 1947 wurde von den beiden Schweizer Missionsbrüdern, Bruder Paternus und Bruder Nikolaus, die der Mariannhiller Missionsgesellschaft (CMM) angehörten und aktive Mitglieder der Kolpingsfamilie

Bern waren, in Mariannhill eine Kolpingsfamilie gegründet. Das Amt des Präses übernahm Rev. Pater Superior Pius Rudloff CMM. Die Kolpingsfamilie bestand ausschließlich aus Eingeborenen, also Schwarzen. Im Jahre 1950 zählte sie bereits 85 Mitglieder. Auch der Vorstand setzte sich aus Schwarzen zusammen.

Die Entwicklung der Kolpingsfamilie hat wahrscheinlich nicht den Vorstellungen der Gründer oder anderer Personen entsprochen. Denn in seinem Brief vom 14. Januar 1957 schreibt Pater Rudloff CMM aus Cala, C. P. South Afrika: „Wir begannen etwa um 1947 eine Gewerbeschule für Schwarze in Mariannhill (Maurer, Schuster, Schreiner, Sattler usw.) und waren natürlich bestrebt, den Jungen neben der fachlichen Ausbildung auch einige Ideale und christliche Ideen über Arbeit und Handwerk und Geselligkeit mit ins Leben zu geben. Ganz logischerweise versuchten einige unserer Mitbrüder, die Lehrer und Meister dieser Lehrbuben waren, das, was sie (die Brüder) in früheren Zeiten als Mitglieder der Kolpingsfamilie in der Heimat erlebt und erfahren, in afrikanischer Ausgabe in die Köpfe und Herzen der schwarzen Lehrbuben zu verpflanzen. So wurde eben von Vater Kolping erzählt, alte schöne Erinnerungen über Handwerk und Mitgesellen und Tippeln und verschiedene Lehrmethoden wieder wachgerufen, sogar eine einfache Fahne angefertigt – aber – und das möchte ich besonders betonen – ohne den leisesten Gedanken und die geringste Absicht, die Schwarzen irgendwie nach europäischem Muster organisieren oder gar der europäischen Kolpingsfamilie angliedern zu wollen. Anläßlich der deutschen Kolpingsfeierlichkeiten am Ende der vierziger Jahre (gemeint ist wohl die Hundertjahrfeier der Kolpingsfamilie Köln-Zentral und der Kölner Kolpingtag Pfingsten 1949) ersuchte mich ein Bruder,

Adolph Kolping und seine Nachfolger

Adolph Kolping *1849–1865*

Sebastian Georg Schäffer *1866–1901*

Franz Hubert Maria Schweitzer *1901–1924*

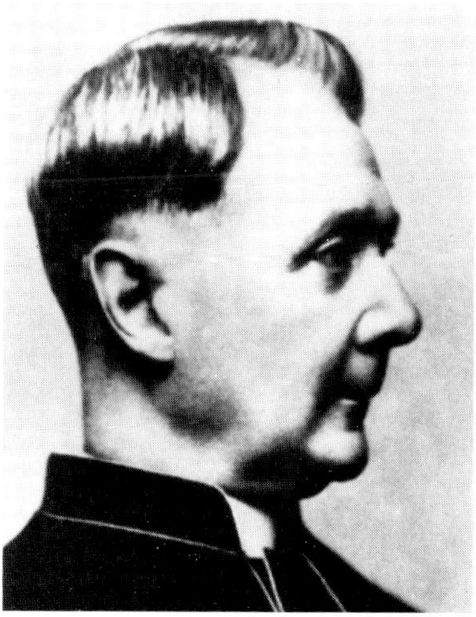

Theodor Hürth *1924–1944*

Johannes Dahl 1945–1947

Dr. Bernhard Ridder 1948–1961

Heinrich Fischer 1961–1972

Heinrich Festing seit 1972

ein Kolpingsbruder, doch Grüße und Glückwünsche im Namen aller Interessierten in Mariannhill nach Deutschland zu schicken. Dies gab den Anlaß, daß eine besondere Aufnahme der früheren Kolpingsbrüder mit den schwarzen Lehrlingen und ihrer ‚Kolpingfahne' gemacht und nach Deutschland zu den Feierlichkeiten geschickt wurde. Wie ich später zu meinem Erstaunen erfuhr, hat diese Photographie eine ganze Kontroverse hervorgerufen, die aber ganz grundlos war, weil unsere Absichten, wie oben erwähnt, eine schwarze Kolpingsfamilie zu gründen, absolut fehlten, und auch die südafrikanischen und eingeborenen Verhältnisse durchaus anders gelagert sind als in der Heimat. Seit etwa einem Jahr ist die Berufsschule in Mariannhill unter den obwaltenden Verhältnissen aufgelöst worden, so daß also dieses Thema abgeschlossen sein dürfte."[176]

Aus welchen Gründen die Kolpingsfamilie auch immer aufgelöst wurde, mag dahingestellt bleiben. Man hat hier jedenfalls eine einmalige Chance vertan. Davon konnte sich der Autor persönlich bei seinem Besuch in Mariannhill vom 15. bis 17. April 1978 während einer Reise durch Afrika im Auftrage der Arbeitsgemeinschaft für Entwicklungshilfe (AGEH) überzeugen. Der Autor traf hier noch alte Missionsbrüder, die als ehemalige Kolping-Mitglieder die Lehrwerkstätten geleitet hatten. Viele Werkstätten stehen leer, weil keine Meister und Ausbilder mehr vorhanden sind. Seit seinem Besuch in Mariannhill bemüht sich der Autor, diese Werkstätten wieder für die berufliche Ausbildung der Jugendlichen zu öffnen, was gerade in Südafrika in bezug auf die schwarze Bevölkerung sehr wichtig ist. Ein positives Zeichen zur Verwirklichung dieses Anliegens sieht er in einem Brief vom 5. Februar 1981 von Schwester M.-Raphaele Hansmeier Cps., Leiterin einer Schule in Mariannhill, der der Autor die Angelegenheit bei einem zufälligen Zusammentreffen in Rom Anfang dieses Jahres vorgetragen hat. Der neuernannte schwarze Bischof Paul Ngoma, der als Nachfolger des verstorbenen Bischofs Elmar Schmid am 23. März 1981 zum Bischof geweiht wird, dürfte der Sache sicher positiv gegenüberstehen. Dadurch könnte die einstmals blühende Kolpingsfamilie Mariannhill wieder ins Leben gerufen werden.

Am 3. Oktober 1952 wurde die Kolpingsfamilie Johannesburg-Krügersdorp offiziell gegründet. Initiator und erster Präses war Pater Paulsen OMI. Da er die Betreuung der Schwarzensiedlungen übernahm, wurde ein Jahr später sein Mitbruder Pater Paul Bruensing OMI zum Präses gewählt, der zugleich deutscher Auslandsseelsorger war. Damit wurde die Kolpingsfamilie eng mit der deutschen Gemeinde verbunden.

Im Jahr 1955 mietete die Kolpingsfamilie in dem Astoria Building neben dem Deutschen Klub einen Raum an und richtete ihn zu einem „Kolpingheim" ein. Das war der erste Schritt auf dem Weg zu einem eigenen Kolpinghaus. Das konnte Anfang des Jahres 1974 gekauft und am 1. August 1974 eröffnet werden. Es hat siebzehn Einzelzimmer, zwei Doppelzimmer, einen großen und kleinen Konferenzraum. Das Haus, im Zentrum von Johannesburg gelegen, war bis zur Fertigstellung eines eigenen Gemeindehauses im Jahre 1980 das Zentrum der deutschen Gemeinde von Johannesburg. Jetzt dient es ausschließlich der Kolpingsfamilie.

Die Kolpingsfamilie Johannesburg-Krügersdorp hat im Laufe ihrer Geschichte ein reges Leben entfacht. In den fünfziger und sechziger Jahren hat sie sich besonders der Einwanderer aus Europa angenommen. Allen Widerständen zum Trotz hat sie den Kontakt zu der schwarzen Bevölkerung gesucht und diesen Menschen auf alle mögliche Art und Weise geholfen. Ein schönes Beispiel dafür ist der „Missionszirkel", der die Arbeit der Missionare personell und finanziell unterstützt. Auf der Pallotti-Farm in Queenstown hat die Kolpingsfamilie Johannesburg ein altes Gebäude zu einer Jugendherberge umgebaut, die als Bildungs- und Begegnungsstätte Jugendlichen aller Rassen zur Verfügung steht.

Als Reaktion auf die Rassenkonflikte bilden die Mitglieder der Kolpingsfamilie, die einen eigenen Betrieb führen, in verstärktem Maße schwarze Jugendliche aus. Ebenso beschäftigen sie diese, um sie vor Arbeitslosigkeit zu bewahren. Damit gibt die Kolpingsfamilie Johannesburg-Krügersdorp ein Beispiel, das nicht nur Lob einbringt.

In den letzten Jahren gab es immer wieder Ansätze, in den Gemeinden von Farbigen oder Schwarzen neue Kolpingsfamilien zu gründen. Diese Bemühungen, die von vielen Priestern und Bischöfen unterstützt werden, blieben bisher erfolglos, wenn auch zwischen der Kolpingsfamilie Johannesburg und verschiedenen Gruppen in farbigen und schwarzen Gemeinden enge und regelmäßige Kontakte bestehen.

Aus Pretoria wurde im Jahre 1956 die Gründung einer Kolpingsfamilie gemeldet. Gründerpräses war Pater Franz Xaver Ketterle von Mount St. Bernard, Regulus Avenue, Waterkloof-Ridge. Nach Mitteilung von Präses Pater Ketterle, der zugleich Seelsorger der deutschen Gemeinde in Pretoria war, hat die Gründung der Kolpingsfamilie, die zu Beginn schon 25 Mitglieder zählte, im Klerus und Volk guten Anklang gefunden. Später hat man aber kaum noch etwas von ihr gehört[177].

Das Kolpingwerk in Uganda

Die Bemühungen, auch in Schwarzafrika Kolpingsfamilien zu gründen, haben in Uganda durch Missionare und Entwicklungshelfer zum Erfolg geführt. Am 4. Dezember 1977 wurde auf Initiative von Pater Hartl in Munteme die erste ganz aus Schwarzen bestehende Kolpingsfamilie gegründet. Zur Gründungsversammlung hatten sich bereits zwanzig Männer und Frauen zur Mitgliedschaft bereit gefunden.

Die Aktivitäten der Kolpingsfamilie Munteme richten sich vor allem auf die Förderung christlicher Familien. Die Mitglieder treffen sich regelmäßig einmal im Monat, um über Fragen der christlichen Familien und Initiativen zur Unterstützung der christlichen Familie zu sprechen. So konnte die Kolpingsfamilie – in Absprache mit einigen Schwesterngemeinschaften – die Möglichkeit schaffen, daß Frauen, die dringend einer Erholung bedürfen, in den Schwesterngemeinschaften einen Kurzurlaub verbringen können.

Ein weiteres Feld der Aktivitäten der Kolpingsfamilie liegt in der Bearbeitung eines Gemeinschaftsfeldes der ganzen Kolpingsfamilie. Alle Mitglieder der Kolpingsfamilie haben dieses Feld gemeinsam gerodet und darauf Erdnüsse, Bohnen, Hirse und Mais angebaut. Mit dieser Aktion will die Kolpingsfamilie Munteme ein Zeichen setzen im Hinblick auf eine Zusammenarbeit, die über die eigene Familie hinausreicht und das Gemeinschaftsgefühl fördert.

Den Willen zur gemeinsamen Arbeit konnten die Mitglieder auch unter Beweis stellen, als es um den Wiederaufbau einer kleinen Handwerkerschule ging. Die im Zuge der staatlichen Maßnahmen 1966 geschlossene Handwerkerschule in Munteme konnte auf Initiative und dank tatkräftiger Unterstützung der Kolpingsfamilie wiederaufgebaut und funktionsfähig gemacht werden. Die Einweihung sollte der Autor während seiner Afrikareise am 1. Mai 1978 vornehmen. Leider bekam er nicht die Einreiseerlaubnis. Den Plan, von Kisumu in Kenya aus schwarz über die Grenze nach Munteme zu fahren, mußte er wegen des Terrors durch das Regime von Idi Amin in diesen Wochen und Monaten kurzfristig aufgeben, oblgeich für die Fahrt von Kisumu nach Munteme alles vorbereitet war. Der Autor hat das sehr bedauert, da er der jungen aktiven Kolpingsfamilie in Munteme durch seinen Besuch gern persönlichen Dank und Anerkennung gezollt hätte.

Um dem Schicksal vieler anderer Kolpingsfamilien in Schwarzafrika zu entgehen, hat die Kolpingsfamilie Munteme sich von Anfang an bemüht, auch in Nachbarpfarreien und Nachbardiözesen die Gründung von Kolpingsfamilien anzuregen. Viele Kontakte konnten geknüpft werden, und viele hoffnungsvolle Ansätze zur Kolpingarbeit sind vorhanden. Der Aufbau und die Weiterentwicklung des Kolpingwerkes in Uganda wird zur Zeit jedoch behindert und gefährdet durch die politische Situation und die ständigen Unruhen, Auseinandersetzungen und Wirtschaftsprobleme, die das einst reiche Land erschüttern.

Das Kolpingwerk in Kenya

Am 26. April 1978 besuchte der Autor mit Dr. Otte, Geschäftsführer der Arbeitsgemeinschaft für Entwicklungshilfe (AGEH), Kardinal M. Otunga in Nairobi (Kenya). Er hatte zu einem Gespräch eingeladen. Neben der Arbeit der AGEH interessierte er sich besonders für die Arbeit des Kolpingwerkes. Nach einem längeren Gespräch sagte er wörtlich: „Das Kolpingprogramm ist auf unsere Situation geradezu zugeschnitten. Wir werden uns darum damit beschäftigen. Bei der Verwirklichung wird es sicher große Schwierigkeiten durch die Regierung geben. Das muß mitbedacht werden. Aber die Kirche muß einen Weg finden, das Christentum in diesem Lande zu verwirklichen. Dafür bietet das Kolpingprogramm sicher eine gute Möglichkeit."

Mit dieser wohlwollenden Unterstützung von Kardinal Otunga wurde durch die Initiative eines deutschen Entwicklungshelfers am 7. Dezember 1980 in Kilima Mbogo die erste Kolpingsfamilie in Kenya gegründet. Etwa dreißig Personen wurden sofort Mitglieder.

Die neugegründete Kolpingsfamilie hat bereits einige Nähmaschinen angeschafft, um für weibliche Mitglieder Nähkurse durchführen zu können. Darüber hinaus will man kleine Lehrwerkstätten errichten, um auch den Jungen und Männern durch dringend notwendige Berufsbildungskurse zu helfen.

Neben diesen Aktivitäten im Bereich der beruflichen Bildung bemüht sich die Kolpingsfamilie besonders um die Vertiefung des christlichen Glaubens durch Gesprächskreise, Mitgestaltung der Gottesdienste und durch andere Aktivitäten in der Pfarrei. Darüber hinaus bietet sie aber auch Mitgliedern wie Nichtmitgliedern ein reichhaltiges Freizeitangebot an. So bestehen bereits ein Chor, eine Laienspielgruppe und ein Sportclub innerhalb der Kolpingsfamilie Kilima Mbogo.

Bei seiner Reise durch Kenya hat der Autor auch Pater Kuntner, einen begeisterten Kolpingssohn aus Südtirol, in Kisumu am Victoriasee besucht. Er hat im Geiste Kolpings viele kleine Berufsbildungsprojekte und andere Entwicklungsprojekte aufgebaut. In der neuen Diözese Kisumu, die mit der Bischofsweihe im Mai 1978 gegründet wurde, wollte er ein zentrales Berufsbildungs- und Berufsförderungsprojekt mit Hilfe des Internationalen Kolpingwerkes aufbauen. Das sollte zugleich auch der Ausgangspunkt für die Ausbreitung des Kolpingwerkes werden. Diesen Plan hatte er mit Kardinal Otunga abgestimmt. Leider verunglückte er kurz nach der Neugründung der Diözese Kisumu, zu deren Generalvikar ihn der neue Bischof ernannt hatte, während eines Kurzurlaubs tödlich. Die Diözese verlor mit ihm einen ihrer fähigsten Seelsorger, der auch zu einem großen Wegbereiter des Kolpingwerkes in Kenya hätte werden können. Es bleibt abzuwarten, wie sich die guten Ansätze für eine Kolpingarbeit nach dem Tod von Generalvikar Pater Kuntner entwickeln werden.

Kolping in Australien

Das Kolpingwerk in Australien

Nach dem Krieg 1945 warb die australische Regierung Einwanderer an, um in dem äußerst schwach besiedelten Land einen handwerklichen Mittelstand und einc Industrie aufzubauen. Unter den Angeworbenen befanden sich viele Kolpingssöhne. Sie schlossen sich unter der Leitung von Präses Dr. Gregor Hagemann vom St. Edmund's College in Canberra am 8. November 1953 zu der ersten Kolpingsfamilie in Australien zusammen.

Unter wesentlicher Mitwirkung des Bezirkes Meschede im Diözesanverband Paderborn wurde durch den Kolpingssohn Robert Renowitsch am Kolpinggedenktag, 1. Dezember 1957, in Melbourne die zweite Kolpingsfamilie gegründet. Gründerpräses war der Pallottinerpater Werner Kriener. Am 27. April 1958 konnte die Kolpingsfamilie Melbourne bereits ein Kolpinghaus eröffnen. Dazu schreibt Präses Pater Heinrich Kiefer SAC, der Präses Kriener nach dessen Versetzung ablöste: „Wohl ist das hiesige Kolpinghaus kein moderner Neubau mit Hunderten von Betten. Das wäre zu viel verlangt für den Anfang. Doch kann das Haus immerhin etwa fünfzig Burschen ein Heim bieten. Auch ist für ein gutes und kräftiges Essen gesorgt. Aber das Kolpinghaus soll mehr sein als ein gewöhnliches Boarding-House. Der junge Mensch soll bei aller persönlichen Freiheit den Weg zur Gemeinschaft finden, in ihr leben und sie mitgestalten. Die herrliche Lage am Albert Park, die Nähe der City und die guten Tramverbindungen sind einige der äußeren Vorteile."[178]

Eine dritte Kolpingsfamilie wurde 1957 in Sydney durch Rev. Father K. Lepartz, dem Deutschen-Seelsorger für Australien, gegründet. Auch diese Kolpingsfamilie hat es zu einem eigenen Versammlungslokal in einem günstig gelegenen Obdachlosenasyl gebracht[179].

Zur Zeit existiert nur noch die Kolpingsfamilie Melbourne. Die Mitglieder sind weithin deutschstämmige Einwanderer. Leider ist es bis heute nicht gelungen, die Idee des Kolpingwerkes auch über den Kreis der deutschsprechenden Mitglieder hinauszutragen.

Ein Schwergewicht der kleinen aktiven Gemeinschaft liegt im Bereich der Familienarbeit. Regelmäßig trifft sich die Kolpingsfamilie zu Familienwochenenden, wo über Kindererziehung und alle Fragen gesprochen wird, die die Familie betreffen. Familieneinkehrtage und Familienexerzitien gehören genauso zum Programm. Mit diesen Veranstaltungen und anderen, die offen sind für alle, trägt die Kolpingsfamilie das Leben der St. Christophorus-Gemeinde wesentlich mit.

Von entscheidender Bedeutung für den Zusammenhalt der Kolpingsfamilie ist ein regelmäßiges Informationsblatt. Das ist um so wichtiger, als die Mitglieder über ganz Melbourne verstreut leben und nicht regelmäßig an den Versammlungen teilnehmen können. Mit diesem Informationsblatt, das mit dem Pfarrblatt der St. Christophorus-Gemeinde verbunden ist, werden alle Gemeindemitglieder über die Aktivitäten der Kolpingsfamilie informiert.

Wenn heute nur noch die Kolpingsfamilie Melbourne in Australien existiert, dann ist das ein besonderes Verdienst der dortigen Führungskräfte. Es bleibt zu hoffen, daß das Kolpingwerk in Australien zukünftig nicht auf die deutsche Gemeinde und auf deutschsprachige Gruppen beschränkt bleibt, sondern sich öffnet zum Wohle aller Menschen dieses Landes.

NACHWORT

Wie schon im Vorwort kurz vermerkt wurde, mußte der Autor bei der Abfassung dieses Buches von dem gegenwärtigen Stand des Internationalen Kolpingwerkes ausgehen. Dies gilt besonders für Kapitel V: „Das Kolpingwerk in den einzelnen Ländern".

Die aufgezeigte Situation kann sich sehr schnell ändern, da sich das Kolpingwerk in allen Ländern, in denen es existiert, zur Zeit sehr erfreulich weiterentwickelt. Das trifft besonders für die Dritte Welt zu, wo sich das Internationale Kolpingwerk in Zukunft über die Entwicklungshilfe noch stärker engagieren will als bisher. Je nach den kulturellen, wirtschaftlichen und sozialpolitischen Gegebenheiten müssen dafür unter Umständen neue Schwerpunkte der Arbeit gesetzt werden, damit das Kolpingwerk den Aufgaben und Anforderungen dieser Länder auch gerecht wird.

War bisher das Generalstatut die alleinige Grundlage für die einheitliche Zielsetzung der Arbeit des Internationalen Kolpingwerkes, so soll nun auf der XXVI. Generalversammlung am 21. Mai 1982 in Innsbruck ein Programm erarbeitet und verabschiedet werden, das für alle Mitglieder, Kolpingsfamilien und Zentralverbände verpflichtend ist, damit so gewährleistet wird, daß die einzelnen Kolpingsfamilien und Zentralverbände bei aller notwendigen Eigenart und Eigenständigkeit das Programm Adolph Kolpings nicht verfälschen oder aufgeben.

ANMERKUNGEN

[1] Curriculum vitae, in: Rheinische Volksblätter 1879, S. 117.
[2] Originaltext nicht auffindbar. Zitiert nach: S. G. Schäffer: Adolf Kolping. Sein Leben und sein Werk. Umgearbeitet und ergänzt von Johannes Dahl. Kolping Verlag Adolf Kemmerich, Köln 1947, S. 14.
[3] Vgl. ebd., S. 17.
[4] Kolping-Schriften Bd. I, S. 85.
[5] Curriculum vitae, in: Rheinische Volksblätter 1879, S. 117.
[6] Ebd., S. 118.
[7] Ebd., S. 120.
[8] Ebd., S. 119.
[9] Zitiert nach: Adolph Kolping, der Gesellenvater. Ein Lebensbild entworfen von S. G. Schäffer, Nasse, Münster 1880, S. 9f.
[10] Curriculum vitae, in: Rheinische Volksblätter 1879, S. 137.
[11] Kolping-Schriften Bd. I, S. 77.
[12] Kolping-Schriften Bd. I, S. 58.
[13] Kolping-Schriften Bd. I, S. 78.
[14] Kolping-Schriften, Bd. II, S. 33.
[15] Kolping-Schriften, Bd. II, S. 42.
[16] Kolping-Schriften, Bd. I, S. 99.
[17] Ebd., S. 87.
[18] Kolping-Schriften Bd. II, S. 79.
[19] Kolping-Schriften Bd. II, S. 118.
[20] Ebd.
[21] Vgl. S. G. Schäffer 1880, S. 73.
[22] Archiv des Kolpingwerkes A 384, S. 3.
[23] Kolping-Schriften Bd. II, S. 115.
[24] Rheinische Volksblätter, 1879, S. 403f.
[25] Ebd., S. 405.
[26] Trauerrede beim Begräbnis des Gesellenvaters Adolph Kolping, gehalten am 7. Dezember 1865 in der Minoritenkirche zu Köln von Dr. Christian Hermann Vosen, J. P. Bachem, Köln 1865, S. 11f.
[27] Feierstunde, 1851, S. 193.
[28] Feierstunde, 1851, S. 172.
[29] Über die Gründung der Katholischen Gesellenvereine in Österreich siehe S. G. Schäffer, 1880, S. 138ff.

[30] Über die Gründung des Katholischen Gesellenvereins in Berlin siehe S. G. Schäffer, 1880, S. 150ff.
[31] Kolping-Schriften, Bd. II, S. 432.
[32] Kalender für das katholische Volk. Hrsg. von A. Kolping, Jahrgang 1866, M. Du Mont-Schauberg, Köln 1865, S. 3.
[33] Ebd., S. 3f.
[34] S. G. Schäffer, 1880, S. 321f.
[35] Rheinische Volksblätter, 1865, S. 813f.
[36] S. G. Schäffer, 1880, S. 329.
[37] Über die Trauerfeier, Trauerzug und Beisetzung Kolpings siehe Rheinische Volksblätter, 1865, S. 821ff.
[38] Adolf Kolping. Sein Leben und sein Werk von S. G. Schäffer. Umgearbeitet und ergänzt von Johannes Dahl. Kolping-Verlag, Köln 1961, S. 149.
[39] Ansprache Stiftungsfest München 13. 6. 1858, S. 25.
[40] Albert Franz: Adolf Kolping, der Gesellenvater, Volksvereins-Verlag, M. Gladbach 1913 (Eine Sammlung von Zeit- und Lebensbildern, 5. Heft), S. 20.
[41] Georges Goyau, L'Allemagne religieuse, Paris 1909.
[42] Stimmen aus Maria-Laach, 1913, S. 117.
[43] Anna Richli: Adolf Kolping, der Gesellenvater. 8. Dez. 1813 bis 4. Dez. 1865, Kanisiuswerk, Freiburg 1930 (Kleine Lebensbilder 22./23. Bdchen, 5. Aufl.), S. 110.
[44] Ansprache des Hl. Vaters beim Besuch in der Minoritenkirche zu Köln am 15. 11. 1980.
[45] Rheinische Volksblätter, 1855, S. 93.
[46] Mitteilungen f. d. Vorsteher der kath. Gesellenvereine, 1863, Sp. 3.
[47] Adolph Kolping: Der Gesellen-Verein, L. Schwann, Cöln/Neuß 1849, S. 24.
[48] Feierstunde, 1852, S. 23.
[49] A. Kolping: Der Gesellen-Verein, S. 15.
[50] Mitteilungen f. d. Vorsteher der kath. Gesellenvereine, 1864, Sp. 35.
[51] Rheinische Volksblätter, 1855, S. 236.
[52] Rheinische Volksblätter, 1854, S. 223
[53] Feierstunde, 1853, S. 194.
[54] Rheinische Volksblätter, 1855, S. 95.
[55] Feierstunde, 1851, S. 47
[56] Rheinische Volksblätter, 1854, S. 2.
[57] Feierstunde, 1851, S. 47.
[58] Mitteilungen f. d. Vorsteher der kath. Gesellenvereine, 1863, Sp. 4.
[59] Rheinische Volksblätter, 1855, S. 159.
[60] Rheinische Volksblätter, 1855, S. 157.
[61] Vgl. A. Bebel: Aus meinem Leben, Bd. 1, S. 36f.
[62] Kolping-Schriften, Bd. II, S. 195.
[63] Akten des Erzbischöflichen Generalvikariates.

[64] Michael Schmolke: Kolping als Publizist, Verlag Regensberg, Münster 1966, S. 16.
[64a] Rheinische Volksblätter 1858, S. 806.
[65] Rheinische Volksblätter, 1863, S. 19f.
[66] Kolping-Schriften, Bd. II, S. 193.
[67] Kolping-Schriften, Bd. II, S. 310.
[68] Vgl. Mitteilungen f. d. Vorsteher, Heft 18, v. 15. 7. 1914.
[69] Vereins-Organ, Beilage zum Rheinischen Kirchenblatt", 1850, S. 7.
[70] Rheinische Volksblätter, 1856, S. 294.
[71] Rheinische Volksblätter, 1854, S. 223.
[72] Adolph Kolping, Reden auf den „Katholikentagen" Deutschlands 1851–1864. Quellen und Untersuchungen 1, S. 32.
[73] Rheinische Volksblätter, 1855, S. 252f.
[74] Rheinische Volksblätter, 1854, S. 13.
[75] Ebd., S. 14.
[76] Rheinische Volksblätter, 1865, S. 155f.
[77] Ebd., S. 172.
[78] Mitteilungen f. d. Vorsteher der kath. Gesellenvereine, 1863, Sp. 4.
[79] Mitteilungen f. d. Vorsteher der kath. Gesellenvereine, 1927, S. 52.
[80] Ebd., S. 53f.
[81] Statuten des Katholischen Gesellenvereins zu Köln, [4]1858.
[82] Rheinische Volksblätter, 1854, S. 462. (Nach der alten Zählung die Zweite Generalversammlung).
[83] Mitteilungen f. d. Vorsteher der kath. Gesellenvereine, 1870, Heft 19, Sp. 556.
[84] Ebd., 1884, Sp. 144f.
[85] Ebd., Sp. 210f.
[86] Mitteilungen f. d. Vorsteher der kath. Gesellenvereine, 1892, Sp. 677.
[87] Mitteilungen f. d. Vorsteher der kath. Gesellenvereine, 1909, S. 5.
[88] Mitteilungen f. d. Vorsteher der kath. Gesellenvereine, 1891, Sp. 502.
[89] Ebd., Sp. 506.
[90] Mitteilungen f. d. Vorsteher der kath. Gesellenvereine, 1895, Sp. 1129.
[91] Mitteilungen f. d. Vorsteher der kath. Gesellenvereine, 1902, S. 492.
[92] „Der Führer", Zeitschrift für die Vorstandsmitglieder, Vertrauensmänner und Abteilungsleiter der Katholischen Gesellenvereine, 15. Jahrg. 1928, Nr. 5/6, S. 37ff.
[93] Ebd., S. 38.
[94] „Des Gesellenvereins Sorgen und Aufgaben", in: Mitteilungen für Präsides, 1892, Sp. 682ff.
[95] Mitteilungen für Präsides, 1899, Sp. 251f.
[96] Protokoll der Generalversammlung der Präsides des Gesamtverbandes katholischer Gesellenvereine in Mainz 1902, S. 30f.

[97] Kolpingblatt, 1908, Nr. 1, S. 3.
[98] Ebd.
[99] Beilage zum Kolpingblatt Nr. 23, 1927, S. 213.
[100] „Rerum novarum", Kap. 35.
[101] Mitteilungen f. d. Vorsteher der kath. Gesellenvereine, 1864, Sp. 82.
[102] Ebd., Sp. 82f.
[103] Mitteilungen f. d. Vorsteher der kath. Gesellenvereine, 1908, Heft 3, S. 16.
[104] Mitteilungen f. d. Vorsteher der kath. Gesellenvereine, 1867, Sp. 186.
[105] Mitteilungen f. d. Vorsteher der kath. Gesellenvereine, 1895, Sp. 1051.
[106] Ebd., Heft 37, Sp. 1116f.
[107] Mitteilungen f. d. Vorsteher der kath. Gesellenvereine, 1927, Heft 1, S. 4f.
[108] Protokoll der XVII. Generalversammlung vom 25.–27. 7. 1921 .
[109] Theo Rempe: Vom I. zum III. Internationalen Kolpingtag, in: Idee und Tat 3–4/1964, S. 110f.
[110] Joh. Nattermann: Die geistige und organisatorische Entwicklung des Katholischen Gesellenvereins, in: Mitteilungen f. d. Vorsteher der kath. Gesellenvereine, 1927, Heft 1.
[111] Theo Rempe: Vom I. zum III. Internationalen Kolpingtag, in: Idee und Tat 3–4/1964, S. 117f.
[112] Ebd., S. 121.
[113] Ebd., S. 122.
[114] Kolpingblatt 1927, S. 99f.
[115] „Unser Manifest", Gesellenvereinsverlag Köln, 1928.
[116] Mitteilungen f. d. Vorsteher der kath. Gesellenvereine, 1930, Heft 1, S. 3.
[117] Kolpings Wandernde Gesellen [1932], S. 2.
[118] Theo Rempe: Vom I. zum III. Internationalen Kolpingtag, in: Idee und Tat 3–4/1964, S. 133.
[119] Ebd., S. 134.
[120] Kolpingblatt 1933, S. 124.
[121] Kolpingblatt vom 15. März 1933, S. 61f.
[122] Ebd.
[123] Ebd.
[124] Theo Rempe: Vom I. zum III. Internationalen Kolpingtag, in: Idee und Tat 3–4/1964, S. 145.
[125] Theodor Hürth: Das Werk Vater Kolpings in Köln in den letzten dreißig Jahren, Köln [1938], S. 11.
[126] Heinz-Albert Raem: Katholischer Gesellenverein und Deutsche Kolpingsfamilie in der Auseinandersetzung mit dem Nationalsozialismus, Bonn 1980, S. 443, Manuskript im Archiv des Kolpingwerkes.

[127] Theodor Hürth: Das Werk Vater Kolpings in Köln in den letzten dreißig Jahren, Köln [1938], S. 15.
[128] Heinz-Albert Raem: Katholischer Gesellenverein und Deutsche Kolpingsfamilie in der Auseinandersetzung mit dem Nationalsozialismus, Bonn 1980, S. 443, Archiv des Kolpingwerkes.
[129] Johannes Dahl: Unser Banner ist entrollt, Düsseldorf 1954, S. 48.
[130] Ebd., S. 57f.
[131] Vgl. Kolpingblatt vom 20. Juni 1949, Nr. 6.
[132] Ebd.
[133] „Generalstatut des Internationalen Kolpingwerkes" 1963.
[134] Dokumentation zum III. Internationalen Kolpingtag, S. 90, Herausgeber Internationales Kolpingwerk e.V.
[135] Bericht des Fuldaer Katholikentages, S. 409, siehe auch 402 und 403.
[136] Bericht des Kölner Katholikentages, S. 388f.
[137] Kolpingblatt, September 1958, S. 9.
[138] Kolpingblatt, Juni 1959.
[139] AGEH Arbeitspapiere, Dokumentation 1/80, S. 3.
[140] Vgl. Anlage II. zum Protokoll der Mitgliederversammlung der AGEH vom 3. 11. 1960.
[141] AGEH Arbeitspapiere, Dokumentation 1/80, S. 4.
[142] Vgl. Gründungsprotokoll der AGEH vom 25. 11. 1959.
[143] Vgl. Kolpingblatt Juli/August 1968, S. 9.
[144] Vgl. „Generalstatut des Internationalen Kolpingwerkes", 1971.
[145] Vgl. Kolpingblatt Juni 1971, S. 9.
[146] A. Kolping: Der Gesellen-Verein, Köln/Neuß 1849, S. 19.
[147] Vgl. Kolpingblatt Juli/August, 1971, S. 8.
[148] Vgl. Kolpingblatt Juli/August, 1968, S. 9.
[149] Vgl. Kolpingblatt Juli/August, 1977, S. 8–9.
[150] Vgl. Kolpingblatt 1933, S. 182.
[151] Protokoll der Zentralversammlung v. 23.–25. 11. 1962, S. 11.
[152] Protokoll der Zentralversammlung v. 14.–16. 10. 1966, S. 2.
[153] Vgl. Handbuch des Kolpingwerkes, Köln 1980, A 42ff.
[154] Ebd., G 3.
[155] Ebd., A 60.
[156] Ebd., G 7.
[157] Ebd., G 11.
[158] Ebd., G 15.
[159] Ebd., G 17.
[160] Rheinische Volksblätter 1855, S. 61.
[161] Vgl. Protokoll der Zentralversammlung v. 5.–7. 11. 1976.
[162] Vgl. Protokoll der Zentralversammlung v. 26.–28. 5. 1978.
[163] Kalender für das katholische Volk, 1863, S. 37.
[164] Vgl. Bernhard Ridder, Kolping in aller Welt, S. 77f.
[165] Ebd., S. 105ff.

[166] Ebd., S. 155ff.
[167] Ebd., S. 145ff.
[168] Ebd., S. 128ff.
[169] Ebd., S. 171ff.
[170] Ebd., S. 182ff.
[171] Ebd., S. 273ff.
[172] Ebd., S. 347ff.
[173] Paulo Link, c.p. 26, Br-06300 Carapicuiba/SP, „Brief vom 8. 4. 1981 an Freunde, Verwandte und Bekannte".
[174] Vgl. Bernhard Ridder, Kolping in aller Welt, S. 358ff.
[175] Ebd., S. 343ff.
[176] Ebd., S. 373f.
[177] Ebd., S. 379.
[178] Ebd., S. 384f.
[179] Ebd., S. 385.